Alpes Montes
L. Larius
Comum
Vercellae
Mediolanum
Atesis
Verona
Venetia
Aquileia
Patavium
Istria
Pola
Ticinus
Cremona
Mantua
Padus
Placentia
Padus
Liguria
Parma
Aemilia
Mutina
Via Aemilia
Ravenna
Genua
Via Aurelia
Appennini Montes
Luca
Ariminum
Pisae
Arnus
Florentia
Ancona
Arretium
Via Flaminia
Etruria
L. Trasimenus
Asculum
Ilva
Volsinii
Tiberis
Reate
Tarquinii
Veii
Corfinium
Caere
Roma
Corsica
Ostia
Praeneste
Samnium
Apulia
Latium
Sperlonga
Tarracina
Capua
Campania
Beneventum
Cumae
Vesuvius
Nola
Puteoli
Neapolis
Baiae
Pompeii
Paestum
Cannae
Via Traiana
Brundisium
Via Appia
Venusia
Calabria
Tarentum
Heraclea
Sardinia
Mare Tyrrhenum
Sybaris
Lucania
Via Popilia
Consentia
Croton
Bruttium
Liparaeae
Messana
Locri
Rhegium
Panormus
Aegates
Segesta
Lilybaeum
Sicilia
Aetna
Henna
Selinus
Himera
Agrigentum
Via Valeria
Syracusae
Utica
Carthago
Mare Africum
Mare Ionium
Africa
Mare Adriaticum
Spalatum
Salona
0
100
200 km

Agite 3

Ausgabe A

Herausgegeben von: Jörgen Vogel
Benedikt van Vugt

Erarbeitet von: Barbara Beier
Thomas Dold
Sven Lorenz
Constanze Marcinowski
Werner Scheibmayr
Karina Scholz
Jörgen Vogel
Benedikt van Vugt

Schöningh

Schöningh Verlag, Jühenplatz 1–3, 33098 Paderborn

Druck 5 4 3 2 1 / Jahr 2018 17 16 15 14
Die letzte Zahl bezeichnet das Jahr dieses Druckes.

Umschlaggestaltung: Nora Krull, Bielefeld
Umschlagabbildung: picture alliance/Bildagentur Huber (U1), akg-images/Nimatallah (U4)
Illustrationen: Maja Wagner, Münster
Druck und Bindung: westermann druck GmbH, Braunschweig

ISBN 978-3-14-010423-4

Inhaltsverzeichnis

Schule im Wandel der Zeit 52

Aufbruch in ferne Länder und zu anderen Kulturen 70

Vorwort

Liebe Schülerin, lieber Schüler,

dies ist der dritte und letzte Band des Lehrwerkes „Agite“. Die vier Sequenzen haben folgenden Inhalt: Das Fortleben der lateinischen Sprache und der antiken Kultur im Mittelalter, Fragen nach einer sinnvollen Lebensführung und deren Antworten in der Antike, Bildung und Unterricht im Wandel der Zeit, interessante Begegnungen und Erfahrungen mit fremden Kulturen in Asien und Amerika.

Der Aufbau des dritten Bandes entspricht dem der ersten beiden Bände. Jede Lektion enthält die bekannten Elemente: die Sachinformation; den Grammatik-Teil (G) mit den „Ersten Übungen“ ohne neue Vokabeln; den Wortschatz-Teil (W) ohne neue Grammatik. Zentraler Bestandteil jeder Lektion ist das lateinische Lesestück.

Die Übungen umfassen alle vier Kompetenzbereiche: Sprachkompetenz (S), Textkompetenz (T), Kulturkompetenz (K) und Methodenkompetenz (M). Die einzelnen Übungen sind diesen Kompetenzen jeweils zugeordnet; dies ist durch die Hervorhebung der jeweiligen Sigle kenntlich gemacht. S • T • K • M

Alle Übungen sind ein Angebot, aus dem deine Lehrerin oder dein Lehrer entsprechend auswählen kann. Mit einer weiß unterlegten Zahl werden darüber hinaus in jeder Lektion die Übungen gekennzeichnet, die als zusätzliches Angebot dienen. Diese Übungen muss man nicht bearbeiten, kann sie aber je nach Zeit und den Erfordernissen in der Klasse individuell einsetzen. 1

Alle Sequenzen werden durch eine Doppelseite eröffnet und durch eine Plateaulektion abgeschlossen. Diese enthält die Zusammenfassung des Grundwissens, ein lateinisches Lesestück mit Wiederholung der grammatischen Schwerpunkte der jeweiligen Sequenz, methodische Hinweise zum Übersetzen und Texterschließen sowie Übungen. Die Plateaulektionen enthalten keinen neuen grammatischen Stoff und keine neuen Vokabeln. Sie sind daher fakultativ und können je nach Bedarf zum gezielten Wiederholen eingesetzt werden.

Ab Seite 92 findest du zu jeder Lektion die Grammatik mit ihren Erklärungen und den Wortschatz. Die Prinzipien, nach denen die Lernvokabeln aufgelistet sind, findest du ebenfalls auf Seite 92. Am Ende des Buches befinden sich ein Register grammatischer Begriffe, ein Eigennamenverzeichnis und ein Verzeichnis aller Vokabeln.

Wir wünschen dir viel Freude und Erfolg bei der Arbeit mit diesem Buch. Und nun geht frisch ans Werk, oder lateinisch ausgedrückt: Agite!

Die Herausgeber

Lektion 46 – 49

Von der Antike zum Mittelalter

Cicero und Hieronymus am Schönen Brunnen in Nürnberg

Auch nach dem Untergang des weströmischen Reiches 476 n. Chr. lebten die lateinische Sprache und das kulturelle Erbe der Römer weiter. Der gelehrte Kirchenvater Hieronymus (347–420 n. Chr.) ist in besonderer Weise ein Beispiel für die Verknüpfung von antiker Literatur und Christentum. Dies kommt zum Ausdruck in dem berühmten Bericht seines Traumes, in dem Hieronymus sich vor Gottes Thron mit dem Vorwurf „Ciceronianus es, non Christianus“ konfrontiert sah und dafür bestraft wurde.

Karl der Große (ca. 748–814 n. Chr.) machte schließlich die Klöster zu den wichtigsten Zentren von Bildung und Wissenschaft. Die Mönche beschäftigten sich intensiv mit der antiken Literatur und sorgten dafür, dass diese Werke abgeschrieben und verbreitet wurden.

- Beschreibe die beiden Abbildungen und vergleiche sie miteinander.
- Informiere dich über den „Traum des Hieronymus“.

Papst Gregor der Große mit drei Schreibern, Elfenbeintafel, Lothringen, 10. Jahrhundert (Wien, Kunsthistorisches Museum, Kunstkammer)

Albrecht Dürer, Hieronymus im Gehäus, 1514, Kupferstich (Kopenhagen, Statens Museum for Kunst)

Die Glaubensvorstellungen der Menschen in der Spätantike und im Mittelalter kommen auch in hagiografischen Schriften zum Ausdruck. Dies waren Heiligenbiografien, die in der damaligen Zeit großes Interesse fanden. Dabei ging es nicht um die historisch genaue Wiedergabe von Ereignissen; wichtig war vor allem die Wirkung des Heiligen auf die Menschen. Im Mittelpunkt der Hagiografie standen virtutes und miracula, die Tugenden des Dargestellten und Wunder.
Die Biografien über die heiligen Christophorus und Georg sind Beispiele dafür, dass die manchmal spärliche Überlieferung über deren Leben durch Fantasie und den frommen Wunsch nach Wundern in Legenden ausgeschmückt wurden.
Zu den bekanntesten Legendensammlungen des Mittelalters gehörte die Legenda aurea, die der Dominikanermönch Jacobus de Voragine (gest. 1298) zwischen 1263 und 1273 verfasste. Sie wurde in alle Sprachen des Abendlandes übersetzt und hatte großen Einfluss auf die Kunst und die Literatur.

Raffael, Der hl. Georg kämpft gegen den Drachen, 1504 (Paris, Louvre)

Otto Dix, Der hl. Christophorus IV, 1939 (Gera, Städtisches Museum)

- Informiere dich darüber, was der Begriff „Legende“ ursprünglich bedeutet.
- Beschreibe die beiden Darstellungen des hl. Christophorus und des hl. Georg und erläutere, welche virtutes die beiden Heiligen verkörpern.

Lektion 46

Hieronymus – ein Gelehrter in der Spätantike

Hieronymus wurde 347 in Stridon, einer Stadt in der Provinz Dalmatien, geboren. Seine Eltern schickten ihn in jungen Jahren nach Rom, um ihn Grammatik, Rhetorik und Philosophie studieren zu lassen. Dort ließ er sich im Jahre 366 taufen. Nach weiteren Studienaufenthalten in der kaiserlichen Residenzstadt Trier und in Aquileia reiste er in den Osten des römischen Reiches, wo er sich in Jerusalem und Antiochia aufhielt. Nachdem er zwei Jahre als Eremit in der Wüste von Chalkis (bei Aleppo in Nordsyrien) gelebt hatte, ließ sich Hieronymus 379 zum christlichen Priester weihen. Auf Grund seiner Gelehrsamkeit und seiner guten Kenntnisse der griechischen und hebräischen Sprache ernannte ihn Papst Damasus I. um 382 zu seinem Sekretär. Nach dem Tod dieses Papstes 384 begab sich Hieronymus wieder in den Osten und ließ sich in Bethlehem nieder, wo er bis zu seinem Tod am 30. September 420 ein Kloster leitete.

Hieronymus gehört neben Ambrosius, Augustinus und Gregor dem Großen zu den vier spätantiken großen Kirchenvätern des Abendlandes. Er kannte nicht nur die christlichen Schriften, sondern las und schätzte auch die antike Literatur, vor allem die Werke Ciceros. Das Alte Testament übersetzte er aus dem Griechischen und Hebräischen in die lateinische Sprache. Diese Bibelübersetzung, die er um 405 abschloss, wurde „Vulgata“ genannt, da sie die am weitesten verbreitete Textfassung war. Die Vulgata galt viele Jahrhunderte als maßgebliche Bibelübersetzung. Sie fand eine große Verbreitung und war die Grundlage aller späteren Bibelübersetzungen.

Der heilige Hieronymus in der Studierstube, Titelholzschnitt (Inkunabeldruck) der Epistulae des Hieronymus von A. Dürer, Basel 1492 (Archiv der Diözese Gurk in Klagenfurt, Mensalbibliothek)

Der Nominativus cum Infinitivo (NcI)

G

1. Calgācum ante proelium ōrātiōnem habuisse Tacitus trādit.
   Calgācus ante proelium ōrātiōnem habuisse trāditur.
2. Dux Britannōrum mīlitēs cupidōs pūgnae esse vīdit.
   Mīlitēs cupidī pūgnae esse vīsī sunt.
3. Calgācus Rōmānōs multās gentēs orbis terrārum subiēcisse dīcit.
   Rōmānī multās gentēs orbis terrārum subiēcisse dīcuntur.
4. Agricola prōcōnsul exercitum Calgācī vīcisse et tōtam Britanniam expūgnāvisse fertur.

Erste Übungen

1 Bilde von den folgenden Verbformen die entsprechende Form im Passiv:

dīcit – dīcunt – dīcō – putās – putant – videō – vīdit – vīdērunt

S • T • K • M
Konjugationen beherrschen

2 AcI oder NcI? – Erkläre, welche Konstruktion jeweils vorliegt, und übersetze:

a) Post incendium Capitōliī fīnem imperiī Rōmānī adesse multī Germānī putāvērunt.
b) Incendium Capitōliī sīgnum īrae dīvīnae esse Rōmānī existimāvērunt.
c) Batavī coniūrātiōnem fēcisse trāduntur.
d) Dux Batavōrum novīs rebus studuisse dīcitur.

S • T • K • M
Infinitivkonstruktionen unterscheiden

W

Aliquandō *aliquī* leō vulnere affectus est. *Sānctus* Hierōnymus vulnus cūrāvit et leōnī mandāvit, ut asinum[1] observāret. *Quōdam* diē leō, cum asinum observāret, *somnō sē dedit*. Tum *aliquī* mercātōrēs, quī eōs *praeteriērunt*, asinum rapuērunt. Leō *somnō* excitātus illum quaesīvit, sed nōn invēnit. Postquam leō rediit, Hierōnymus eum nōn reprehendit, sed eī *officium* asinī mandāvit.

[1] **asinus, ī m.** der Esel

L Hieronymus und der Löwe

Als Hieronymus in den letzten Jahren seines Lebens ein Kloster in der Wüste bei Bethlehem leitete, soll eines Tages ein Löwe voller Schmerzen an die Klosterpforte gekommen sein. Die Legende erzählt, dass Hieronymus ihm Dornen aus der linken Vordertatze zog und die Wunde verband. Der Löwe blieb im Kloster und wurde ein zahmes Haustier. Deshalb machte Hieronymus ihn zum Hüter eines Esels, wenn der auf der Weide graste oder Holz zum Kloster brachte. Da soll sich einst – so ist es in der Legende des hl. Hieronymus überliefert – Folgendes ereignet haben:

Luchino Belbello da Pavia, Hl. Hieronymus und der Löwe, Este-Bibel, um 1430 (Rom, Bibliotheca Vaticana)

Haec fābula dē leōne Sanctī Hierōnymī ā quibusdam auctōribus trāditur: Aliquandō leō, cum asinum[1] in agrum[2] dūxisset, somnō sē dedit. Tum cāsū aliquī mercātōrēs cum camēlīs[3] eōs praeteriērunt. Illī, cum leōnem dormientem vidērent, asinum rapuērunt. Leō, postquam somnō excitātus est, asinum quaesīvit, sed eum nōn invēnit. Cum leō sine sociō ad monastērium[4] redīret, quīdam frātrēs putāvērunt illum fame vexātum asinum dēvorāvisse[5]. Hierōnymus autem leōnem nōn reprehendisse, sed eī officium asinī mandāvisse dīcitur. Frātrēs leōnem hinc prō asinō līgna[6] ē silvīs ad monastērium ferre iūssērunt.

Quōdam diē leō līgna ē silvīs ferēns aliquōs mercātōrēs cum camēlīs appropinquāre videt. Et ecce, ante camēlōs mercātōrum is asinus, quem illī rapuerant, it. Leō autem, cum mercātōrēs et camēlī praetereant, statim socium suum cōgnōscit et clāmōre ingentī mercātōres fugat. Camēlōs autem perterritōs, quī quāsdam mercēs māgnī pretiī portant, leō cum asinō ad monastērium īre cōgit.

Frātrēs, cum haec vīdissent, valdē stupuisse et leōnem multīs verbīs laudāvisse feruntur. Ex illō tempore leō semper cūrābat, nē quis iterum asinum raperet. Post Hierōnymī mortem etiam leō et asinus ē vītā excessisse et cum illō sepultī[7] esse trāduntur.

[1] **asinus, ī m.** der Esel
[2] **ager, agrī m.** hier: die Weide
[3] **camēlus, ī m.** das Kamel
[4] **monastērium, ī n.** das Kloster
[5] **dēvorāre** fressen
[6] **līgna** (Akk. Pl. n) Holz
[7] **sepelīre, sepeliō, sepelīvī, sepultum** begraben

Übungen

1 Ein Frater aus Bethlehem schreibt einem Mitbruder in einem anderen Kloster, was sich in Bethlehem zugetragen hat. Verfasse einen kurzen Brief, der die wichtigsten Ereignisse des Lesestückes zusammenfasst.

S • T • K • M
Texte in andere Textsorten umformen

2 Suche aus dem Lesestück die Konnektoren (vgl. Lektion 13, S 5.3) heraus und gib das Sinnverhältnis an, das durch die Konnektoren jeweils zum Ausdruck gebracht wird.

S • T • K • M
Syntaktische Strukturelemente benennen

3 Schreibe aus dem Lesestück alle NcI-Konstruktionen mit ihren wesentlichen Elementen (Nominativ, Infinitiv, Prädikat) heraus und übersetze sie.

S • T • K • M
Infinitivkonstruktionen erkennen

4 Adverb oder Pronomen? – Lege eine Tabelle an und trage die Adverbien und die Pronomina ein. Bestimme die Pronomina jeweils genau:

quid, quiddam, quīdam, quidem, quae, quaedam, quōdam, quoddam, quod, quondam, quendam, aliquō, aliquod, aliquandō

S • T • K • M
Formen sicher bestimmen

5 Forme den AcI um in den NcI und übersetze:

Beispiel: Iacōbus trādit mercātōrēs asinum rapuisse.
→ Mercātōrēs asinum rapuisse trāduntur.

a) Auctor fert leōnem socium quaesīvisse.
b) Frātrēs monastēriī vident leōnem sine asinō ad monastērium vēnisse.
c) Illī existimant asinum ā leōne necātum esse.
d) Hierōnymus leōnem līgna[1] ad monastērium ferre dīcit.

S • T • K • M
Infinitivkonstruktionen beherrschen

[1] **līgna** (Akk. Pl. n.) Holz

6 Kooperatives Üben mit dem NcI. Bildet Zweier-Teams: Setzt die Sätze in den NcI, indem ihr ihn von der entsprechenden Form von dicere abhängig macht. Übersetzt die Sätze und vergleicht danach euer Ergebnis.

Beispiel: Hierōnymus vulnus leōnis spectat. – NcI: Hierōnymus vulnus leōnis spectāvisse dīcitur. – „Hieronymus soll die Wunde des Löwen betrachtet haben."

a) Hierōnymus leōnem nōn fūgit. b) Frātrēs autem leōnem fūgērunt.
c) Hierōnymus vulnus animālis cūrāvit. d) Hierōnymus leōnī mandāvit, ut asinum servāret.

7 Beschreibe den Holzschnitt Albrecht Dürers (S. 8) und arbeite heraus, wodurch Hieronymus als christlicher Gelehrter gekennzeichnet ist.

S • T • K • M
Berühmte Persönlichkeiten der Spätantike kennen

8 Ordne die Szene, die auf dem Bild von Luchino Belbello de Pavia dargestellt ist (S. 10), in die „Löwenlegende" ein.

Lektion 47

Die „Erneuerung“ der Antike unter Karl dem Großen

Jean Fouquet, Karl wird von Papst Leo III. in der Petersbasilika zum Kaiser gekrönt, Tours 1455–1460 (Paris, BNF)

Auf dem Gebiet des weströmischen Reiches, das in den Stürmen der germanischen Völkerwanderung im Jahre 476 untergegangen war, entstanden mehrere germanische Königsherrschaften. Von diesen Völkerschaften erlangten die Franken die größte Bedeutung: Die fränkischen Könige errichteten ein Reich, dessen Grenzen sich zum großen Teil mit denen des untergegangenen weströmischen Reiches deckten, und entschieden sich für die Annahme des Christentums, als ihr König Chlodwig sich 496 in Reims taufen ließ. Damit legten die Franken die Grundlagen, die für die Geschichte Europas bis in die Gegenwart prägend waren.

Die bedeutendste Adelsfamilie im Frankenreich wurden die Karolinger, benannt nach Karl dem Großen, der von 748–814 lebte. Dieser Herrscher dehnte seine Herrschaft weiter aus und war schließlich so mächtig, dass Papst Leo III. ihn um Unterstützung bat: Nachdem es in Rom zum Streit zwischen dem Papst und verschiedenen einflussreichen römischen Familien gekommen war, verübten einige römische Adlige sogar ein Attentat auf Leo III. Deshalb wandte sich der Papst an den Frankenkönig Karl mit der Bitte, ihm zu helfen. Karl überquerte mit seinem Gefolge die Alpen und befreite den Papst aus den Händen seiner Gegner. Als Dank krönte ihn der Papst am Weihnachtstag (25. Dezember) des Jahres 800 zum Kaiser.

Mit dieser neuen Würde verband Karl die Idee der Erneuerung des römischen Reiches (renovātiō Rōmānī imperiī). Karl verstand sich als legitimer Nachfolger der römischen Cäsaren, setzte aber als christlicher Herrscher in dem abendländischen Imperium Christianum neue Akzente. Zu den Verdiensten des neuen Kaisers gehört, dass er die Kultur und Bildung sehr gefördert hat. In den Schreibschulen (Skriptorien) der Klöster und Domschulen wurde die antike Literatur der Griechen und Römer abgeschrieben und so dem Mittelalter und der Neuzeit überliefert. Auch die Schrift wurde reformiert und die Verwendung der lateinischen Sprache als einheitliche Sprache des Klerus und des Adels festgelegt.

Steigerung der Adjektive/Ablativus comparationis

G

1. Liber Sānctī Hieronymī, quī „Biblia Sācra Vulgāta“ nōminātur, multīs hominibus nōtus est.
   Hic liber temporibus antīquīs nōtior erat quam multī aliī librī.
   Liber Sānctī Hieronymī quibusdam temporibus nōtissimus liber erat.
2. Cum asinus[1] a mercātōribus raptus esset, frātrēs trīstēs erant.
   Sānctus Hieronymus, quī leōnī fidem habuit, trīstior quam frātrēs erat.
   Sānctus Hieronymus trīstior frātribus erat.
   Leō autem, cum asinus raptus esset, trīstissimus erat.
3. Mercātōrēs et camēlī cursū celerī leōnem praeteriērunt. Leō autem celerior camēlīs erat. Cursū celerrimō camēlīs appropinquāvit. Tum eī facillimum erat mercātōrēs fugāre.

[1] **asinus, ī m.** der Esel

Erste Übungen

1 Bilde von folgenden Adjektiven die Steigerungsformen (jeweils im Nominativ Singular masculinum):

lātus – ingēns – longus – prūdēns – ācer – improbus – clārus – nōbilis – pulcher

S • T • K • M
Elemente des lateinischen Formenaufbaus benennen

2 Steigerung oder keine Steigerung? Schreibe nur die Komparativformen heraus:

crūdēliōrem – crūdēlium – crūdēliōrum – facilis – facilius – facilibus – faciliōribus – crūdēlia – crūdēliōra – altōs – altiōrēs – prūdentibus – prūdentiōribus – prūdentēs – fortius – fortis – fortibus – fortiōribus

S • T • K • M
Deklinationen beherrschen

3 a) Schreibe aus den Sätzen 1–3 des G-Teiles jeweils das Adjektiv heraus, das gesteigert wird, und formuliere dann eine Regel für die Steigerung der Adjektive.
b) Erkläre, welche zwei Möglichkeiten es im Lateinischen gibt, bei einem Komparativ die Person oder Sache, die verglichen wird, auszudrücken.

W

In urbe Rōma *flāgitium* crūdēle accidit: Inimīcī *scelerātī* Leōnem *pontificem* oppressērunt et *laesērunt*. Leō autem e *vinculīs* effugere potuit.
Karolus, quem multī rēgem potentem et *sapientem* putāvērunt, cōnstituit *pontificem* condiciōne miserā līberāre. Leōnem in Germāniam arcessīvit et summīs honoribus *suscēpit*. Tum rēx illum Rōmam dūcī iūssit. *Proximō* annō ipse sē Rōmam contulit.

L Der Frankenkönig wird römischer Kaiser

Im April des Jahres 799 passierte in Rom etwas Ungeheuerliches: Auf den Papst Leo III. wurde von Anhängern des römischen Adels ein Attentat verübt: Leo wurde überfallen, misshandelt und gefangen gesetzt. Zum Glück konnte er aber in die italienische Stadt Spoleto, etwa 140 km von Rom entfernt, fliehen. In seiner Not wandte er sich an Karl, den mächtigen König der Franken. Der Bote des Papstes berichtet dem Frankenkönig von den schlimmen Ereignissen:

„Incrēdibilis rēs, domine, ante paucōs diēs in urbe Rōmā accidit: Quīdam inimīcī Leōnem, sānctissimum pontificem, oppressērunt, laesērunt, in vincula coniēcērunt. Numquam hominēs improbiōrēs quam illōs scelerātōs vīdī, numquam flāgitium crūdēlius atque turpius quam illud scelus vīdī! Sed Deō adiuvante Leōnī contigit, ut ē vinculīs effugeret. Leōne auctōre ego cursū celerrimō ad tē, Karole rēx, pervēnī et tē ōrō, ut pontificō auxiliō veniās. Nam cōnstat tē rēgem potentissimum et sapientissimum esse, cōnstat tibi sōlī facultātem esse pontificem ē condiciōne miserrimā servāre. Quis nescit mīlitēs Francōrum fortiōrēs mīlitibus Rōmānīs esse? Itaque facillimum erit inimīcōs pontificis vī et armīs superāre.“

Hīs verbīs audītīs Karolus rēx cōnsilium cēpit Leōnem adiuvāre: Pontificem in oppidum Padrabrunnam[1] arcessīvit, summīs honōribus suscēpit, cum eō sermōnem habuit. Deinde eum Rōmam dūcī iūssit. Ipse proximō annō in Italiam contendit et hieme ineunte urbem Rōmam intrāvit.

Ibi cōnsilium nōbilissimōrum Francōrum atque Rōmānōrum in basilicam beātī Petrī[2] convocāvit et Leōnem pontificem omnibus crīminibus inimīcōrum absolvit. Diē nātālī Dominī[3], cum Karolus in basilicā beātī Petrī[2] esset, Leō subitō capitī rēgis corōnam[4] imposuit populō Rōmānō exclamante: „Karolō, piissimō Augustō, ā Deō corōnātō[5], māgnō imperātōrī Rōmānōrum, vīta et victōria!“ Ex eō tempore Karolus Imperātor et Augustus appellātus est.

[1] **Padrabrunna, ae f.** der Ort Paderborn, an dem Karl der Gr. eine Pfalz errichtet hatte

[2] **basilica beātī Petrī** die Petruskirche (heute der Petersdom)

[3] **diēs nātālis Dominī** der Geburtstag des Herrn, der Weihnachtstag (25. Dezember)

[4] **corōna, ae f.** die Krone

[5] **corōnāre** krönen

Begegnung Karls des Großen und Leos vor Rom – der Papst begrüßt den Frankenkönig in Rom

Übungen

1 Gib den Inhalt des Lesestücks mit eigenen Worten wieder. Berücksichtige dabei die folgenden Leitfragen: Was ist laut dem Bericht des Boten in Rom passiert? Warum wendet sich der römische Papst ausgerechnet an den König der Franken? Welche Unterstützung leistet König Karl Papst Leo?

S • T • K • M
Textaussagen reflektieren

2 Erkläre, inwiefern der Ausruf des Volkes in der Petruskirche den Frankenkönig Karl gleichzeitig als Nachfolger der römischen Kaiser und als christlichen Herrscher kennzeichnet.

3 Schreibe aus dem Lesestück alle Steigerungsformen der Adjektive heraus. Ergänze dann im entsprechenden KNG die fehlenden Formen des Positivs, des Komparativs oder des Superlativs.

S • T • K • M
Deklinationen beherrschen

4 Ordne den Adjektiven die jeweils passende Form des Substantivs zu. Bilde dann die jeweils fehlenden Formen der gesamten Steigerungsreihe.

audācissimus – prūdentissimōs – miserrimae – potentī – īnfēliciōris – difficiliōrem – lāta – nōtissimum – dīvitissimīs – asperam

mīles – vītam – puellae – līberōs – cum imperātōre – senātōribus – labōrem – via – monumentum – condiciōnī

5 Superlativ oder Elativ? – Entscheide dich und übersetze:

S • T • K • M
Kontextgerecht übersetzen

a) Karolus potentissimus omnium rēgum fuit.
b) Nūntius Leōnis pontificis cursū celerrimō ad Karolum rēgem pervēnit.
c) Mīlitēs Karolī rēgis fortissimī fuērunt.
d) Karolus per montēs altissimōs in Italiam iter fēcit.
e) Rōma urbs antīquissima est.

Metzer Reiterstatue, um 870 (Paris, Musée du Louvre)

S • T • K • M
Mit anderen Sprachen vergleichen

6 Im Italienischen unterscheidet man den relativen und den absoluten Superlativ:

a) Il Po è il più lungo dei fiume d'Italia. – Der Po ist der längste Fluss Italiens.
b) Il Po è lunghissimo fiume. – Der Po ist ein sehr langer Fluss.

Diese beiden Sätze lauten im Lateinischen:

a) Padus flumen longissimum Italiae est.
b) Padus flumen longissimum est.

Vergleiche die beiden Aussagen in beiden Sprachen und erläutere, woran man im Italienischen und im Lateinischen jeweils erkennen kann, ob ein Superlativ oder ein Elativ vorliegt.

S • T • K • M
Kasusfunktionen beherrschen

7 Ablativus comparationis oder quam? Übersetze und bilde dann jeweils die andere Möglichkeit, einen Vergleich auszudrücken:

a) Leō pontifex nūntium ad Karolum rēgem mīsit. Nam eō tempore Karolus potentior quam aliī rēgēs erat.
b) Leō a Karolō auxilium petīvit. Nam nōtum erat mīlitēs Francōrum fortiōrēs esse aliīs mīlitibus.
c) Nūntius dīxit: „Inimīcī pontificis crūdēliōrēs reliquīs scelerātīs sunt.
d) Numquam flāgitium crūdēlius atque turpius quam illud scelus vīdī!"

S • T • K • M
Fortleben der römischen Antike

8 Seit 1950 verleiht die Stadt Aachen alljährlich den „Internationalen Karlspreis zu Aachen" an bedeutende Persönlichkeiten und Organisationen.

a) Erkläre den Text, der auf der Vorderseite der Medaille des Karlspreises abgebildet ist.
b) Informiere dich, nach welchen Gesichtspunkten der Preis vergeben wird und warum dieser Preis den Namen Karls des Großen trägt.

Vorderseite der Medaille des Internationalen Karlspreises (gestaltet nach dem ältesten Siegel der Stadt Aachen)

Der heilige Christophorus

So gewiss die historische Existenz des heiligen Christophorus ist – im Jahre 454 n. Chr. wurde im heutigen Istanbul eine Kirche auf seinen Namen geweiht –, so ungewiss sind die Berichte über sein Leben. Der Überlieferung nach war er ein Riese von furchtbarem Aussehen und einer Größe von 12 Ellen, die ungefähr 10 Metern entsprechen. Ursprünglich soll er Reprobus geheißen haben. Er machte sich auf die Suche nach dem mächtigsten Herrscher, den es auf Erden gab. So diente er zunächst einem König, dann dem Teufel. Als dieser ihm sagte, dass der Gekreuzigte noch mächtiger sei, suchte er ihn. Dabei kam er eines Tages zu einem Einsiedler, der an einem Fluss lebte. Dieser erzählte Christophorus, dass Christus der mächtigste Herrscher sei. Er übertrug ihm die Aufgabe, Menschen durch den gefährlichen Fluss zu tragen. Eines Nachts bittet ihn ein Kind drei Mal, über den Fluss getragen zu werden. Als Christophorus diesen Wunsch schließlich erfüllt, spürt er plötzlich, wie das Gewicht des Kindes immer schwerer wird. Am anderen Ufer angekommen, gibt sich das Kind als Christus zu erkennen. Daraufhin ließ sich Christophorus taufen – so heißt es in einer weiteren Legende – und zog predigend durch Lykien in Kleinasien; schließlich wurde er im Zuge der Christenverfolgungen ins Gefängnis geworfen und enthauptet.

Seit dem 12. Jahrhundert wurde der hl. Christophorus mit dem Kind auf den Schultern und einem Baumstamm in der Hand als Skulptur oder Wandmalerei in den Kirchen dargestellt. Er wird als einer der 14 Nothelfer und als Patron der Reisenden verehrt.

Meister des hl. Christophorus mit dem Teufel, Christophorus mit dem Teufel, um 1515 (München, Alte Pinakothek)

Christophorus am südlichen Chorportal des Freiburger Münsters um 1354

G Die Steigerung der Adjektive (2)

1. Potentia Leōnis pontificis magna erat. Potentia inimīcōrum eius māior erat. Potentia Karolī rēgis maxima erat.
2. Leōnī pontificī multī mīlitēs nōn erant. Inimīcīs eius plūrēs mīlitēs erant. Karolō rēgī plūrimī mīlitēs erant.
3. Nūntius pontificis Karolō rēgī nūntiāvit: „Hominēs malī Leōnem pontificem oppressērunt. Numquam hominēs peiōrēs vīdī quam illōs. Servā pontificem ē vinculīs hōrum pessimōrum hominum!

Erste Übungen

S • T • K • M
Bedeutungen lateinischer Wörter beherrschen

1 Übersetze und überprüfe, welche Aussagen stimmen:

a) Leō medius maximus est. b) Leō sinister minimus est. c) Leō dexter minor est quam leō sinister. d) Leō medius māior est leōne sinistrō. e) Leō sinister minor est cēterīs leōnibus. f) Leō medius māior est quam cēterī leōnēs.

2

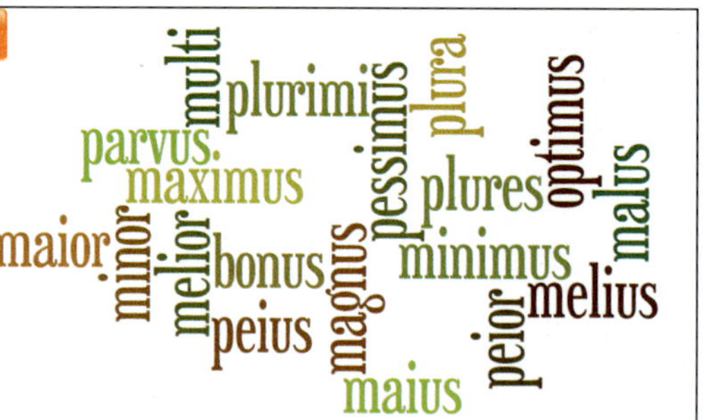

Stelle in deinem Heft aus dieser „Wort-Wolke" mithilfe der Grammatik fünf richtige Steigerungsreihen zusammen.

W

Chrīstophorus rēgis potentissimī servus esse volēbat. Prīmum rēgem potentem invēnit, tum diabolō[1] *servīvit*. Cum diabolus[1] *crucem* Chrīstī vidēret, in māgnō timōre erat. Tum Chrīstophorus intellēxit Chrīstum potentiōrem diabolō esse et dīxit: „Tē relinquam, nam dominum potentissimum, quī in *mundō* est, quaeram." Aliquandō puerum in alteram rīpam flūminis *trādūxit*. In flūmine prōcēdēns Chrīstophorus sēnsit *onus* ingēns parvī puerī. Hōc *opere* Chrīstum invēnit.

[1] **diabolus, ī m.** der Teufel

„Nur dem mächtigsten Herrn will ich dienen!" L

Jacobus de Voragine erzählt in seiner Legendensammlung von den Erfahrungen, die Christophorus machte, als er sich auf die Suche nach dem mächtigsten Herrscher machte:

Apud Iacōbum dē Sanctō Chrīstophorō haec fere legimus:

Chrīstophorus forte multīs mīlitibus occurrit. Quōrum dux eum rogāvit, quō properāret. Cui Chrīstophorus: „Diabolum[1] quaerō. Plūrimī quidem eum timent quasi pessimam calamitatem hominum. Ego autem putō eī plūs potestātis esse quam maximīs rēgibus. Eī servīre volō!" Et dux: „Ego sum ille, quem quaeris. Potestās mea māior est potestāte omnium rēgum. Venī mēcum: Potentissimum rēgem et optimum dominum invēnistī."

Hīs verbīs dictīs Chrīstophorus iter cum diabolō[1] perrēxit. Cum autem in quādam viā crucem Chrīstī vidērent, diabolus[1] territus fūgit. Chrīstophorō rogantī, cūr id faceret, diabolus[1] respondit: „Cum sīgnum Chrīstī videō, summō timōre afficior." Cui Chrīstophorus: „Appāret potestātem tuam multō minōrem esse quam praedicāvistī. Chrīstum, quia māiōrem potestātem quam tū habet, quaeram, ut eī serviam!"

Dēnique Chrīstophorus ad quoddam flūmen pervēnit, ubi erēmīta[2] habitāvit. Quī eum īnstrūxit: „In hōc flūmine, quia altius est, iam plūrimī hominēs periērunt. Sī servus optimī et maximī rēgis esse vīs, trādūc hominēs hoc flūmen! Sī haec fēceris, Chrīstus tibi apparēbit."

Quōdam diē puer Chrīstophorum rogāvit, ut sē trādūceret. Quem Chrīstophorus in umerīs pōnēns flūmen intrāvit. Statim sēnsit hoc onus magnum esse. Et quō magis prōcessit, eō māius onus in umerīs erat. Cum tandem ad alteram rīpam pervēnisset, Chrīstophorus puerum dēponēns dīxit: „Numquam māiōra onera trānstulī. Putō mē tōtum mundum in umerīs meīs tulisse." Cui puer respondit: „Nōn sōlum tōtum mundum tulistī, sed etiam eum, quī mundum creāvit. Ego enim sum Chrīstus, rēx tuus, cui hōc opere servīs."

[1] **diabolus, ī m.** der Teufel

[2] **erēmīta, ae m.** der Einsiedler, der Eremit

Der heilige Christophorus, Tafelbild eines süddeutschen Meisters, um 1520–1563 (Basel, Kunstmuseum)

Übungen

S • T • K • M
Textaussagen reflektieren

1 Suche für die vier Abschnitte des Lesestücks jeweils eine passende „Schlagzeile“ und erläutere dann kurz den Inhalt.

2 Informiere dich, was der Name „Christophorus“ bedeutet und erkläre auf der Grundlage des Lesestücks, wie es zu dieser Bezeichnung gekommen ist.

S • T • K • M
Steigerungsformen beherrschen

3 Schreibe aus dem Lesestück alle Steigerungsformen heraus. Ergänze dann in einer Tabelle den zu dieser Form fehlenden Positiv, Komparativ oder Superlativ im selben KNG.

S • T • K • M
Kontextgerecht übersetzen

4 Achte bei der Übersetzung der folgenden Sätze darauf, ob der Komparativ mit oder ohne Vergleich gebildet wird.

a) Chrīstophorus rēgem quaesīvit, quī potentior quam cēterī reges fuit. – Chrīstophorus rēgem potentiōrem quaesīvit.
b) Diabolus, cum sīgnum Chrīstī videt, maiōre timōre afficitur.
c) Chrīstophorus diabolō dīxit: „Potestās tua minor est quam praedicāvistī.“ – „Potestās tua minor est.“
d) Multī hominēs in flūmine, cum altius aliīs flūminibus esset, periērunt. – Multī hominēs in flūmine, cum altius esset, periērunt.

S • T • K • M
Mit anderen Sprachen vergleichen

5 Erschließe die lateinische Steigerungsreihe, von der die folgenden italienischen Steigerungsformen jeweils abgeleitet sind:

buono – migliore – ottimo; grande – maggiore – massimo
piccolo – minore – minimo; cattivo – peggiore – pessimo

S • T • K • M
Lateinische Sprichwörter erklären

[1] **proprius, a, um** eigen

[2] **ūsus, ūs m.** der Gebrauch, die Praxis

6 Übersetze die folgenden römischen Sprichwörter und erkläre deren Sinn:

a) Domus propria[1], domus optima.
b) Summum iūs, summa iniūria.
c) Melius est diligi quam timērī.
d) Ūsus[2] est magister optimus.
e) Bonus intrā, melior exī! (Inschrift über einem Tempel)

S • T • K • M
Fremdwörter erkennen und erklären

7 Erkläre die Bedeutung der folgenden Fremdwörter:

Majorität, Minorität, Minimum, Maximum, Optimist, Pessimist, Plural

S • T • K • M
Darstellungen beschreiben und vergleichen

8 Beschreibe die Bilder auf S. 17 („Christophorus mit dem Teufel“) und auf S. 19 (Der süddt. Meister) und vergleiche sie. Setze die Darstellungen in Bezug zur jeweiligen Textstelle des Lesestücks.

Lektion 49

Der heilige Georg

Der heilige Georg kämpft mit dem Drachen (Friedrich Herlin, Nördlingen 1462)

Vom heiligen Georg wird überliefert, dass er ein römischer Offizier der Kavallerie (tribūnus) war. Er musste unter Kaiser Diokletian (284–305) in der Residenzhauptstadt Nikomedia im Jahr 304/5 während einer Christenverfolgung für seinen Glauben sterben. Etwa seit dem Ende des 4. Jahrhunderts waren im gesamten östlichen Mittelmeerraum volkstümliche Erzählungen von zahlreichen Wundertaten verbreitet, die er vollbracht haben soll. Erst im 12. Jahrhundert kam die Erzählung vom Kampf Georgs gegen einen Drachen (dracō), der eine Stadt in Lybien belagerte, auf. Georg rettete dabei angeblich die Königstochter aus der drohenden Gefahr, von dem Ungeheuer gefressen zu werden. In dieser Legende, die bei Jacobus de Voragine überliefert ist, werden einerseits berühmte antike Mythen verarbeitet, z. B. die Erzählung von Perseus, der Andromeda vor einem Seeungeheuer rettet. Andererseits symbolisiert in der christlich geprägten Erzählung der Drache auch das Böse in der Welt, das die jungen und unschuldigen Gläubigen bedroht. Wenn Georg daher die Königstochter befreit, legt er damit – in der Vorstellung der christlichen Legende – auch Zeugnis von der Macht seines Glaubens ab. Mit den Kreuzfahrern verbreitete sich die Verehrung Georgs in ganz Europa. Verschiedene europäische Königshäuser (z. B. England) und Länder (z. B. Georgien) wählten sich die Figur des heiligen Georg als Schutzpatron. Außerdem gilt der heilige Georg als einer der 14 Helfer in der Not.

Der heilige Georg als Drachentöter am Basler Münster.

G

Das Gerundium

Christophorus erklärt seine Absicht. – Ordne die deutsche Übersetzung den lateinischen Sätzen zu und bestimme jeweils den Kasus des substantivierten Verbs.

Chrīstophorus dīcit:

1. Optimō dominō servīre mihi placet.	a) Durch Dienen erfreue ich den Herrn.
2. Mihi facultās dominō serviendī est.	b) Ich bin bereit zum Dienen/zu dienen.
3. Parātus sum ad serviendum.	c) Es gefällt mir, dem besten Herrn zu dienen.
4. Serviendō dominum dēlectō.	d) Ich habe die Möglichkeit, dem Herrn zu dienen.

Erste Übungen

S • T • K • M
Deklinationen beherrschen

1 a) Erstelle aus dem G-Stück das Deklinationsschema des Gerundiums. Stelle fest, welcher Kasus nicht vertreten ist.
b) Dekliniere das Gerundium der folgenden Verben:

dīcere, audīre, parēre, ambulāre, facere

S • T • K • M
Zielsprachengerecht übersetzen

2 Übersetze in angemessenes Deutsch:

potestās regendī – parātus ad dicendum – facultās dominum praedicandī – cupidus librum legendī – in intrandō

W

Aliquandō dracō[1] quīdam, *bestia saeva*, cīvitātem quandam *furōre* suō terrēbat. Rēx, cui fīlia *dulcis* erat, mōnstrō *singulōs* puerōs atque puellās darī dēcrēvit. *Sorte* cōnstitūtum est, ut fīlia rēgis ad dracōnem mitterētur. Rēx autem, cum fīliam suam servāre cuperet, cīvibus maximās dīvitiās obtulit. Sed cīvēs precēs rēgis negāvērunt.

[1] **dracō, ōnis m.** der Drache

Der heilige Georg und der Drachen, Relief am Or San Michele, Florenz

Der Ritter Georg rettet eine Stadt

L

Die Legende erzählt, dass Georg ein römischer Offizier gewesen und eines Tages in die libysche Stadt Silena gekommen sei. Ganz in der Nähe habe ein Drache sein Unwesen getrieben, indem er die Bewohner von Silena mit seinem giftigen Atem in Angst und Schrecken versetzte.

Dracō[1] saevus, cum cupidus esset cīvēs interficiendī, iterum atque iterum ad mūrōs cīvitātis accēdēbat. Tum rēx cīvibus perterritīs dīxit: „Necesse est singulōs puerōs vel puellās cottīdiē[2] huic crūdēlissimae bestiae darī, nē furor dracōnis nimis lacessātur."

Cum iam plūrimī fīliī fīliaeque cīvium ā dracōne interfectī essent, sorte cōnstitūtum est, ut fīlia rēgis ad dracōnem mitterētur. Rēx autem, cum amōre fīliae commōtus cupidissimus esset servandī fīliam, cīvibus dīxit: „Vōbīs maximās dīvitiās dabō, sī fīliam meam dīmīseritis." Cum autem cīvēs precēs rēgis negārent, clamāvit: „Heu[3], mea fīlia dulcissima, tōtā urbe nēmō miserior est mē! Sī mihi esset potestās pereundī prō tē, statim ipse ad dracōnem īrem. Nunc autem sorte tibi imposita est necessitās ad bestiam abeundī." Tum puella mortem certam exspectāns ad mūrōs cīvitātis prōcessit.

Eō locō Georgius tribūnus, quī cāsū hanc cīvitātem trānsībat, puellam flentem vīdit. Illa Georgiō quaerentī, quae causa flendī esset, rem explicāvit et: „Fuge", inquit, „bone mīles, nē mēcum pereās!" Tribūnus autem respondit: „In Chrīstī nōmine tē adiuvābō. Parātus sum ad pugnandum! Fortiter pugnandō tē ā bestiā crūdelī dēfendam." Hīs verbīs dictīs dracō saevus appāruit et puellae appropinquāvit. Georgius autem equum ascendit, lanceam[4] cēpit, cruce[5] sē mūniēns impetum in bestiam fēcit, eam occīdit.

Cīvibus stupentibus Georgius dīxit: „Ā Deō haec facultās mihi data est vōs servandī. Crēdite tantum in Chrīstum et semper servābimini."

[1] **dracō, ōnis m.** der Drache

[2] **cottīdiē** täglich

[3] **heu!** Ach! O weh!

[4] **lancea, ae f.** die Lanze

[5] **crux, crucis f.** hier: das Kreuzzeichen

Übungen

S • T • K • M
Handlungsträger und Textaussagen ermitteln

1 Verschaffe dir vor der Übersetzung des Lesestücks einen Überblick, indem du jeweils das Subjekt und das Prädikat der Hauptsätze herausschreibst und den Verlauf der Handlung knapp darstellst.

S • T • K • M
Textaussagen reflektieren

2 Bringe die folgenden Sätze, die sich auf das Lesestück beziehen, in die richtige Reihenfolge:

a) Georgius puellam flentem vīdit.
b) Georgius beātus in Chrīstum crēdens dracōnem occīdit.
c) Fīlia rēgis a Georgiō petīvit, ut bestiam fugeret.
d) Fīlia rēgis ad dracōnem missa est.
e) Dracō cupidus cīvēs interficiendī omnem cīvitātem perterruit.

S • T • K • M
Wendungen zielsprachengerecht übersetzen

3 Schreibe aus dem Lesestück die Genitivformen des Gerundiums und das Substantiv bzw. Adjektiv heraus, von dem das Gerundium abhängig ist. Übersetze den Ausdruck in angemessenes Deutsch.

S • T • K • M
Verwechselbare Formen unterscheiden

4 a) Unterscheide zwischen dem Gerundium und dem Partizip Präsens Aktiv. Lege eine Tabelle in deinem Heft an und bestimme die einzelnen Formen.

dēfendentem, dēfendendum, tenentī, mittendī, narrandō, dīcentis, scribendum, agentī, ostendendī, respondentium, quaerente, capiendō

Gerundium	Partizip Präsens Aktiv
dēfendendum – Akk. Sg. von dēfendere	dēfendentem – Akk. Sg. m./f.

b) Erstellt in Gruppen ein Plakat, auf dem ihr übersichtlich diese nd- und nt-Formen gegenüberstellt und als Lernhilfen farblich kennzeichnet. Stellt eure Plakate vor und begründet eure Entwürfe.

S • T • K • M
Formen beherrschen

5 Kooperatives Üben mit dem Gerundium. Bildet Zweier-Teams: Formuliert eigene Sätze und übersetzt sie. Vergleicht danach euer Ergebnis.

a) Es gibt im Leben viele Gelegenheiten etwas zu tun. Formuliere auf Lateinisch mindestens fünf Gelegenheiten, die für dich in Frage kommen, z. B.:
Mihi est occāsiō dīcendī. …

b) Jeder ist dafür geschaffen, etwas zu vollbringen. Schreibe auf Lateinisch, wozu du geboren bist. Formuliere mindestens fünf Aussagen nach dem folgenden Muster:
Nātus/nāta sum ad agendum …

6 Übertrage die folgenden Sätze in dein Heft. Wähle aus dem blau unterlegten Feld die richtige Ortsangabe. Unterscheide zwischen der Frage: wo? und wohin?

S • T • K • M
Kasusfunktionen beherrschen

Wo?	Wohin?
Ich lebe: Vīvō ...	**Ich reise: Iter faciō ...**
in Rom,	nach Italien,
in Germanien,	nach Athen,
auf Sizilien,	nach Sizilien,
auf dem Palatin,	nach Rom,
in Delphi,	nach Germanien,
in Athen,	nach Delphi,
in Italien,	nach Hause
zu Hause	

in Germāniam,
in Germāniā, Athēnās,
Delphīs, Rōmae,
domum, in Italiā,
in Siciliā, domī, Athēnīs,
in Italiam, in Siciliam,
in Palātiō, Rōmam,
Delphōs

7 Vergleiche die Darstellung von F. Herlin (S. 21) mit dem Relief aus Florenz (S. 22): Nenne die Unterschiede in den beiden Darstellungen und erläutere, welche Abbildung dem Text des Lesestücks am meisten entspricht.

S • T • K • M
Darstellungen beschreiben und vergleichen

8 Auch in der antiken Mythologie gibt es Drachenkämpfe. Informiert euch zu zweit über „Apollon und der Drache Python“, „Typhon und Zeus“, „Kadmos und die Schlange“, „Herkules und die Lernäische Schlange“ (s. Abb. unten) und „Perseus und Andromeda“. Wählt eine Sage aus und tragt sie der Klasse vor.

S • T • K • M
Informationen präsentieren

9 Auch im Italienischen gibt es ein Gerundium (gerundio presente):

S • T • K • M
Mit anderen Sprachen vergleichen

a) *Avendo* fame mangio. – Weil ich Hunger habe, esse ich.

b) *Essendo* stanca sono andata a dormire. – Da ich müde war, bin ich schlafen gegangen.

c) *Scrivendo* una lettera a Carla le ha confessato il suo amore. – Indem er einen Brief an Carla schrieb, hat er ihr seine Liebe gestanden.

Nenne die lateinischen Infinitive, von denen die italienischen Formen des gerundio jeweils abgeleitet sind, und gib die italienische Form an, zu der man im Lateinischen kein Gerundium bilden kann. Erschließe, welche Satzgliedfunktion das gerundio im Italienischen übernimmt.

Herkules erschlägt die Lernäische Hydra. Schwarzfigurige Hydria des sog. Adler-Malers, um 525 v. Chr. (J. Paul Getty Museum, Malibu)

Plateaulektion 46 – 49

Grundwissen: Von der Antike zum Mittelalter

Die Bibelübersetzung des Hieronymus

- Ende des 4. Jahrhunderts n. Chr.: Der Kirchenvater **Hieronymus** veröffentlicht seine lateinische Übersetzung des Alten Testaments, die sogenannte **Vulgata**.
- **476 n. Chr.** Untergang des weströmischen Reiches. Latein bleibt aber weiterhin als Sprache für die schriftliche und mündliche Kommunikation unverzichtbar.
- Etwa ab dem 8. Jahrhundert ist die Vulgata im gesamten christlichen Westen verbreitet. Sie wird zur wichtigsten Bibelübersetzung des Mittelalters und prägt mit ihrem Latein für Jahrhunderte die **Sprache der Christen und der Wissenschaft** an den Universitäten.

Die Karolingische Renaissance

- **800 n. Chr.** Kaiserkrönung Karls d. Gr. in Rom. Sie ist der Höhepunkt der Herrschaft Karls des Großen, der das Frankenreich bis nach Spanien und Sachsen ausgedehnt hat. Zeitgenossen nennen ihn **pater Europae**, der das römische Reich als „imperium Christianum" erneuere.
- Karl beginnt im Frankenreich eine große **Bildungsreform**, die auf der lateinischen Sprache und Literatur aufbaut: In den Schreibstuben der Klöster wird eine neue Buchschrift erfunden und die Texte der antiken Schriftsteller abgeschrieben.

Die Legenden des Mittelalters

- Der deutsche Begriff **Legende** geht auf das Werk „Legenda aurea" von Jacobus de Voragine aus dem 13. Jahrhundert zurück.
- Zahlreiche, auf Latein verfasste Heiligenviten und Wundergeschichten sollen im Mittelalter Vorbilder eines christlich geprägten Lebens vermitteln und sorgen für das Fortleben der lateinischen Sprache.

Teufel können auch anders

L

Der Zisterziensermönch Caesarius von Heisterbach (ca. 1180 – 1240) lebte im Kloster Heisterbach bei Königswinter. Neben zahlreichen theologischen und historischen Schriften verfasste er auch einen „Dialogus miraculorum“. Darin sammelte er in zwölf Büchern viele Geschichten von wundersamen Ereignissen seiner Zeit, die ursprünglich für den Unterricht der jungen Mönche gedacht waren. Ein Buch widmet er auch dem Thema der Versuchung frommer Menschen durch Teufel und zeigt die jeweiligen Folgen auf. In der folgenden Episode verhält sich ein Teufel allerdings ganz anders, als man es erwarten könnte:

Daemon[1] quīdam, quī in formam adulēscentis nobilissimī sē mūtāverat, ad quendam mīlitem vēnisse dīcitur. Cui dīxit sē parātum esse ad serviendum mīlitī quasi dominō. „Sī mē“, inquit, „suscēperis, numquam meliōrem ministrum[2] quam mē habēbis.“ Ac profectō – adulēscēns mīlitī tam bene servīvit, ut eum maximō gaudiō afficeret.

Diē quōdam, cum ambō iter facerent et ad aliquod flūmen pervēnissent, subitō plūrimī hostēs ā tergō appropinquāvērunt. Quōs cum mīles animadvertisset, clāmāvit: „Ecce, post nōs crūdēlissimī hostēs sunt, quī parātī sunt nōs occidere! Ante nōs flūmen altissimum est, quod numquam aliquī homō hōc locō trānsiit! Mortuī sumus!“ Minister[2] autem dīxit: „Nolī timēre[3], domine! Hōc in flūmine vadum[4] mihi nōtum est. Mē duce ē hōc perīculō servāberis.“ Tum mīlitem celeriter ad alteram rīpam trādūxit. Hostēs autem, cum mīlitem auxiliō ministrī[2] effūgisse vīdissent, stupentes dīxisse trāduntur: „Numquam audīvimus hōc locō vadum[4] esse. Certē diabolus[5] eum trādūxit.“

Etiam mīles stupens, quōmodo hoc perīculum effūgisset, ministrum[2] rogāvit: „Quis tū es?“ Quī prīmō tacēbat, deinde respondit: „Daemon[1] ego sum, ūnus ex illīs, quī cum Lūciferō cecidērunt[6].“ Tum mīles perterritus: „Sī daemon es“, inquit, „cur mē adiuvandō servāvistī ē summō perīculō?“ Daemon: „Māgna est mihi cōnsōlātiō[7] esse cum hominibus. Numquam sinam aliquod malum tibi accidere.“ Hīs verbīs dictīs abiit et numquam rediit.

[1] **daemon** ein Dämon

[2] **minister, ministrī m.** der Diener

[3] **nōlī timēre!** hab keine Angst!

[4] **vadum, ī n.** die Furt, Untiefe

[5] **diabolus, ī m.** der Teufel

[6] **cadere, cadō, cecidī** fallen (Der Legende nach war der Teufel [Lucifer] ursprünglich ein Erzengel, der wegen seiner Sünden mit seinen Helfern vom Himmel gestürzt wurde.)

[7] **cōnsōlātiō, cōnsōlātiōnis f.** der Trost

Methodenkompetenz (16): Das lineare Dekodieren

1. Im AGITE sind dir bereits einige Möglichkeiten vorgestellt worden, einen lateinischen Satz erfolgreich zu erschließen (vgl. Methodenkompetenz 1, 3, 14, 15). Das lineare Dekodieren ist eine weitere Methode, die sich vor allem bei längeren Sätzen einsetzen lässt. Anfangs benötigst du dafür sicherlich mehr Zeit; mit etwas Übung wirst du sie aber bald schneller durchführen können. Am folgenden Satz werden die Arbeitsschritte vorgestellt.
2. Daemon quīdam, quī in formam adulēscentis sē mūtāverat, ad quendam mīlitem vēnit.

2.1 Verschaffe dir einen Überblick über den Satz, indem du **alle Verbalformen** kennzeichnest:

Daemon quīdam, quī in formam adulēscentis sē mūtāverat, ad quendam mīlitem vēnit.

2.2 Stelle fest, ob diese Verbalformen **selbstständig** (Hauptsatzprädikat), **abhängig** (Nebensatzprädikat) oder **Teil einer satzwertigen Konstruktion** (AcI, NcI, Partizipialkonstruktion) sind. Umrahme zur Verdeutlichung das Subjekt und markiere die Subjunktionen bzw. Relativpronomina:

Daemon quīdam, (quī) in formam adulēscentis sē (mūtāverat,)
ad quendam mīlitem vēnit.

2.3 **Übersetze** den Hauptsatzkern und den Nebensatz **als selbstständige Aussagen**:
„Ein Dämon ist gekommen. Er hatte sich verwandelt."

2.4 **Suche** die **Wortblöcke**, die den Verbformen eindeutig zugeordnet sind (**z. B.: Objekte, Adverbien, Präpositionalausdrücke**):
„Ein Dämon ist zu einem Soldaten gekommen."
„Er hatte sich in die Gestalt eines jungen Mannes verwandelt."

2.5 Übersetze jetzt den gesamten Satz:
„Ein Dämon, der sich in die Gestalt eines jungen Mannes verwandelt hatte, ist zu einem Soldaten gekommen."

Übungen

S • **T** • K • M
Wortblöcke erkennen

- Bei jeder Texterschließung ist es wichtig, die zusammenhängenden Wörter (Wortblöcke) richtig zu erkennen. Achten solltest du vor allem auf:
  - KNG-Kongruenz (daemon quīdam)
  - Präpositionen mit dem Substantiv im entsprechenden Kasus (ad quendam mīlitem)
  - Genitivattribute mit Bezugswort (formam adulēscentis)

  Bestimme bei den folgenden Wortverbindungen aus dem Lesestück, ob sie einen Wortblock bilden:
  parātum esse ad serviendum – meliōrem ministrum – eum maximō – ad aliquod flūmen – nōs crūdēlissimī – aliquī homō – mē duce – mīlitem celeriter – auxiliō ministrī – sinam aliquid

Methodenkompetenz (17): Die Einrückmethode

1. Als Ergänzung zum linearen Dekodieren und als visuelle Unterstützung der Satzanalyse dient die Einrückmethode. Du musst dabei nur wenige Regeln beachten:

1.1 Der Hauptsatz (bzw. seine einzelnen Bestandteile) wird ganz links notiert.

1.2 Die Nebensätze werden entsprechend ihrem Abhängigkeitsgrad nach rechts eingerückt.

1.3 Sie beginnen häufig mit einer Subjunktion (z. B. cum, ut/nē, sī), mit einem Relativpronomen oder einem Fragepronomen. Eine Hilfe zur Abgrenzung von Haupt- und Nebensatz, bzw. der Nebensätze voneinander, kann das Komma sein.

1.4 Satzwertige Konstruktionen (AcI, NcI, Participium coniunctum, Ablativus absolutus) werden je nach ihrer Stellung im Satz eingeordnet.

1.5 Zur Verdeutlichung kannst du die Markierungen aus dem linearen Dekodieren übernehmen.

2. So könnte die graphische Analyse von zwei Sätzen aus dem Lesestück aussehen:

2.1

Hauptsatz	Nebensatz 1. Grades
Diē quōdam,	
	cum ambō iter facerent et ad aliquod flūmen pervēnissent,
subitō plūrimī hostēs appropinquāvērunt.	

2.2

Hauptsatz	Nebensatz 1. Grades
Hostēs,	cum mīlitem ... effūgisse vīdissent,
dīxisse trāduntur	
stupentēs	

Übungen

1 Schreibe aus dem Lesestück alle Adjektive heraus und bilde zu ihnen die gesamte Steigerungsreihe (Positiv, Komparativ, Superlativ) im Nominativ Singular masculinum.

S • T • K • M
Steigerungsformen beherrschen

2 Vorsicht Falle! – Suche aus den folgenden Formen nur die Gerundia heraus und nenne den Infinitiv, von dem sie gebildet sind:

ascendō – ascendendō – aliquandō – comprehendō – comprehendendō – condō – contendī – contendendī – dēfendī – dēfendendī – dēscendī – incendī – incendium – iūcundum – iungendum – mandandum – mandō – mundō – reprehendō – reprehendendō – vendidī – vendendī

S • T • K • M
Verwechselbare Formen unterscheiden

Lektion 50 – 53

Fragen und Antworten: Wie soll ich leben?

Ō vītae philosophia dux! – Oh Philosophie, Lenkerin unseres Lebens! Mit diesen feierlichen Worten lobt Cicero die Philosophie als unentbehrliche Ratgeberin für das Leben aller Menschen. Cicero ist durch seine Schriften maßgeblich daran beteiligt, dass sich die Philosophie der Griechen in Rom verbreitet hat.

Das griechische Wort philosophia bedeutet Liebe zur Weisheit. Der griechische Philosoph Aristoteles (384 –322 v. Chr.) sagt, dass die Menschen deshalb angefangen haben zu philosophieren, weil sie die Welt, in der sie lebten, nicht mehr als selbstverständlich ansahen, sondern über sie staunten und sich wunderten, woher und wozu sie entstanden sei. Dieses Staunen führte zu weiteren Fragen, z. B.: Woher weiß ich, dass meine Ansichten richtig sind? Wird das Schicksal der Menschen von Göttern gelenkt oder ist jeder für sein Handeln selbst verantwortlich? Nach welchen Grundsätzen sollen Menschen miteinander leben? Wie kann man glücklich werden?

Raffael, Die Schule von Athen, 1511, Stanza della Segnatura (Rom, Vatikanische Museen)

Diese Fragen und ihre Antworten haben sich allmählich entwickelt. Den Anfang machten die ionischen Naturphilosophen wie z. B. Thales von Milet. Die Naturphilosophen untersuchten vor allem, ob es einen unveränderlichen Urstoff gibt, aus dem die Dinge in der Welt entstanden sind.
Der Athener Sokrates stellte das Handeln der Menschen in den Mittelpunkt seiner Untersuchungen. Er zeigte seinen Mitbürgern immer wieder, dass ihr vermeintliches Wissen nur ein Scheinwissen war, und versuchte sie dazu zu bringen, durch präzise Definitionen zur richtigen Erkenntnis zu gelangen.
Der Philosoph Diogenes soll von seinen Mitbürgern als „Hund" verspottet worden sein. Da er glaubte, ein glückliches Leben sei nur ohne Reichtum und durch Verzicht auf alle Annehmlichkeiten möglich, lebte er selbst in größter Bescheidenheit.
Platon war der berühmteste Schüler des Sokrates. In seinem berühmtesten Werk „Der Staat" definiert er auch die Tugend der Gerechtigkeit. Ohne sie kann kein Mensch und kein Staat regiert werden. Daher fordert er, dass alle Regierenden Philosophen sein müssen.

Sokrates (links) und Platon (München, Glyptothek)

- Informiere dich im Lexikon oder im Internet, welche griechischen Philosophen auf dem Gemälde Raffaels dargestellt sind.
- Überlege, warum zu Beginn des 16. Jahrhunderts die griechische Antike zum Gegenstand eines repräsentativen Gemäldes werden konnte.

Diogenes und Alexander d. Gr., Röm. Relief, vermutlich aus der 1. Hälfte des 1. Jh. n. Chr. (Rom, Villa Albani, gefunden 1726)

Lektion 50

Solon aus Athen, einer der Sieben Weisen

Solon aus Athen gilt als einer der sogenannten Sieben Weisen. Zu ihnen rechnete man etwa seit dem 6. Jahrhundert v. Chr. in Griechenland Männer mit unterschiedlichen außergewöhnlichen Fähigkeiten. Zu den Sieben Weisen gehörten u. a. der Mathematiker und Naturphilosoph Thales aus Milet, der Rechtsgelehrte und Redner Bias von Priene oder der Tyrann Periander von Korinth. Ihnen allen wurde eine große Lebensweisheit und politische Klugheit zugeschrieben, die sie jeweils in kurzen Sentenzen festgehalten haben sollen, den Sinnsprüchen der Sieben Weisen. Die wohl berühmtesten lauten: „Erkenne dich selbst!" und „Nichts im Übermaß!"

Solon (ca. 640–560 v. Chr.) stammte aus einer sehr angesehenen adligen Athener Familie. Als es in seiner Heimatsstadt im Jahr 594/93 v. Chr. zu einer schweren Auseinandersetzung zwischen den Großgrundbesitzern und den verschuldeten Bauern kam, wurde Solon zum Schiedsrichter in diesem Streit gewählt. Mit verschiedenen Reformen gelang es ihm unter anderem, die Schuldknechtschaft abzuschaffen und eine Beteiligung aller Bürger an der Politik entsprechend ihrem Vermögen einzuführen. Nachdem er seine Gesetze erlassen hatte, soll Solon Athen verlassen und sich auf eine große Reise durch die damals bekannte Welt begeben haben.

Mosaik aus einer römischen Villa in Baalbek (heutiger Libanon); Kalliope, die Tochter des Zeus und die Muse des heroischen Epos und der Elegie, ist umgeben von Sokrates (oben) und den sieben weisen Männern, 3. Jahrhundert n. Chr. (Beirut, Nationalmuseum)

Der griechische Historiker Herodot (ca. 484–425 v. Chr.) berichtet in seinem Geschichtswerk, dass Solon dabei nach Lydien gelangt sei und sich einige Zeit am Hofe des sagenhaft reichen Königs Kroisos (lateinisch: Croesus) aufgehalten habe. Da Kroisos erst 460 v. Chr. König wurde, ist diese Begegnung historisch nicht möglich. Entscheidend ist jedoch der Inhalt des Gespräches, das Herodot überliefert: Es stellt die Lebensauffassung des überaus reichen kleinasiatischen Königs und des griechischen Politikers im 5. Jahrhundert v. Chr. gegenüber. Der eine vertraut allein auf seinen Reichtum, der andere macht darauf aufmerksam, dass kein Mensch über sein Schicksal verfügen kann. Die uralte Frage „Wann kann man einen Menschen als glücklich bezeichnen?" wird vor dem Hintergrund dieser unterschiedlichen Ansätze überraschend beantwortet.

Die Steigerung der Adverbien/fieri

G

1. Geōrgius tribūnus fīliam rēgis ante mūrōs urbis vīdit. Cum condiciōnem miserrimam puellae cōgnōvisset, eam rogāvit: „Cūr hīc miserrimē perīre dēbes?“
   Puella respondit: „Dracō crūdēlissimus urbem nostram vexat. Dracō omnēs cīvēs crūdēlissimē occīdit. Nam dracō saevior omnibus bestiīs est. Nūlla alia bestia nōs saevius hōc dracōne vexat.“
   Geōrgius: „Mīles fortissimus sum. Fortissimē pūgnandō tē ā bestiā dēfendam.“

2. Geōrgius audit dracōnem impetum in cīvēs facere.
   → Geōrgius audit ā dracōne impetum in cīvēs fierī.
   Puella clāmat: „Dracō nōbīs perniciem facit.“
   → Puella clāmat: „Nōbīs ā dracōne pernicies fit.“
   „Certē deī nōbīs maximōs dolōrēs faciunt.“
   → „Certē nōbīs ā deīs maximī dolōrēs fiunt.“
   „Deī nōs omnēs īnfēlīcēs faciunt.“ → Nōs omnēs īnfēlīcēs fīmus.“

Erste Übungen

1 Stelle in einer Tabelle aus G1 alle einander entsprechenden Formen der Adjektive und Adverbien gegenüber. Erkläre dann, wie die Steigerungsformen der Adverbien im Komparativ und Superlativ gebildet werden.

S • T • K • M
Elemente des lateinischen Formenaufbaus benennen

2 Bilde zu den folgenden Adverbien die entsprechenden Formen im Komparativ und Superlativ:

ācriter – bene – cupidē – facile – īnfēlīciter – iūstē – male – prūdenter – pulchrē

3 a) Die Konjugation von fierī entspricht im Präsensstamm den Formen der i-Konjugation.
Konjugiere im Indikativ parallel: audiō et fīō; audiēbam et fīēbam; audiam et fīam
b) Bilde in Anlehnung an die Formen von audīre die entsprechenden Formen zu fierī:
audīmus – audīs – audiēbant – audiet – audiō – audiēbātis – audiam – audiunt

S • T • K • M
Konjugationen beherrschen

W

Solōn Athēniēnsis Croesum, rēgem Lȳdōrum, adiit et eius domum *rēgiam* intrāvit. Croesus *hospitem* salūtāvit et dīxit: „Omnēs tē *propter* sapientiam laudant. Dīvitiās meās cōgnōvistī – dīc mihi, num mē etiam *beātum* dūcās!“
Solōn autem rēgī respondit: „Dīvitiās tuās *māgnī aestimō*. Sed nōn sciō, num *beātus* sīs. Nam fortūna hominum *fātō* regitur. Deī etiam tē perdere possunt.“

L Macht Reichtum glücklich?

Auf einer Reise gelangte Solon auch nach Lydien, dessen König Croesus unermesslich reich war. Croesus erhoffte sich vom berühmten Gast aus Athen die Antwort auf eine wichtige Frage, die zu allen Zeiten viele Menschen bewegt:

Aliquandō Solōn Athēniēnsis Croesum, dīvitissimum rēgem Lȳdōrum, adiit. Quī hospitem libenter in domō rēgiā accēpit et ad convīvium adhibuit. Tertiō aut quartō diē post adventum Solōnis Croesus quōsdam servōs iūssit Athēniēnsem per thēsaurōs[1] dūcere eīque dīvitiās ostendere. Tum Solōnem, quī dīvitiās dīligentissimē spectāverat, rogāvit: „Hospes Athēniēnsis, audīvī tē sapientissimum omnium hominum esse. Plūrimās regiōnēs orbis terrārum iam vīdistī, multōs rēgēs dīvitēs convenistī, animōs hominum optimē cōgnōvistī. Itaque dic mihi, quem beātissimum hominum putēs.“ Haec Croesus rogāvit putāns sē ipsum propter dīvitiās beātissimum esse.

Solōn autem rēgī haec respondit: „Ō rēx, nōn dubitō, quīn dīvitissimus sīs. Beātissimum autem omnium hominum tē minimē nominō. Nam homō dīves nōn beātius vīvit quam homō pauper, nisī eī contingit, ut quam diūtissimē fēlīx sit.

Dīvitiae certē omnibus hominibus ūsuī sunt, ut cupiditātēs suās satiant[2]. Sed vīta hominum septuāgintā ferē annōs manet. Per hoc spatium temporis multa accidunt, quibus homō beātus īnfēlīx fit. Nam fortūna hominum omninō in potestāte deōrum posita est: Omnia fātō fīunt. Itaque nē dīvitissimō quidem contingit, ut beātus fīāt. Saepe enim fit, ut deī invidiā adductī eum perdant, quī plūrimum dīvitiīs gaudet. Equidem putō neminem ante mortem beātum nōminārī posse.“

Hīs verbīs audītīs Croesus Solōnem īrātus dīmīsit. Putāvit enim eum dīvitiās suās parvī aestimāre.

[1] **thēsaurus, ī m.** die Schatzkammer

[2] **satiāre** sättigen, befriedigen

Gerard van Honthorst, Solon und Croesus, 1624 (Hamburger Kunsthalle)

Übungen

1 Croesus und Solon haben jeweils unterschiedliche Vorstellungen vom Glück des Menschen.
a) Erkläre anhand von Z. 1–10, was Croesus unter Glück versteht.
b) Vergleiche damit in Z. 11–25 die Auffassung Solons.
c) Nehmt zu der Ansicht Solons Stellung.

S • **T** • K • M
Textaussagen reflektieren

2 Vorsicht Falle! – Ordne die folgenden Formen nach Substantiven und Verben und bestimme sie genau nach P, N, M, T, Gv bzw. K, N, G:

fīs – vīs (2) – fīat – fīēs – fīnēs – viam – fīam – fītis – fertis – fīās – viās

S • T • K • M
Verwechselbare Formen unterscheiden

3 Ordne den folgenden Formen die entsprechenden Formen des Präsensstamms zu:

S • T • K • M
Konjugationen beherrschen

4 Lege eine Tabelle in deinem Heft an und ordne die folgenden Adverbien der richtigen Steigerungsform zu. Ergänze dann jeweils die beiden fehlenden Steigerungsformen.

dīligenter, melius, fēlīcissimē, plūs, miserē, celerius, iūcundissimē, turpiter, diūtius, pessimē

S • T • K • M
Steigerungsformen beherrschen

5 Genitivus totius, obiectivus, qualitatis oder subiectivus? – Bestimme, welcher Genitiv jeweils vorliegt und übersetze dann:

a) Solōn, vir māgnae sapientiae, Croesum rēgem adiit. b) Croesus putāvit sē dīvitissimum omnium hominum esse. c) Sed Solōn eum monuit: „Spē glōriae falleris. d) Nam īra deōrum dīvitiās tuās celeriter perdet.“

S • **T** • K • M
Kasusfunktionen im Kontext bestimmen

6 Beschreibe das Gemälde von Gerard van Honthorst (S. 34) und erläutere dabei, was die jeweilige Handbewegung von Croesus bzw. Solon zum Ausdruck bringen könnte.

S • T • **K** • **M**
Darstellungen erläutern

7 Sententiae Latinae: Übersetzt die folgenden lateinischen Sprichwörter und diskutiert, ob ihre Aussagen heute noch Gültigkeit haben.

a) Ex nihilō nihil fit.
b) Facilis fit fortūna ferendō.
c) Celeriter fit, quod deī volunt.
d) Volentī nōn fit iniūria.
e) Nē quid nimis!

S • T • **K** • M
Lateinische Sprichwörter erklären

Lektion 51

Sokrates und die Suche nach Wahrheit

Herme des Sokrates (Neapel, Museo Nazionale)

Im Jahr 399 v. Chr. wurde Sokrates, einer der bedeutendsten Philosophen der Antike, wegen seiner Lebensweise und seiner Philosophie vor Gericht angeklagt und zum Tode durch Gift verurteilt.
Sokrates lebte im 5. Jahrhundert v. Chr. in Athen. In dieser Zeit gab es große Veränderungen in der Gesellschaft. Die Wertvorstellungen, welche die Griechen über Jahrhunderte gepflegt hatten, hatten ihre absolute Gültigkeit verloren. An ihre Stelle war eine Vielzahl verschiedener Ansichten über die richtige Lebensweise getreten. Selbsternannte Weisheitslehrer (sogenannte Sophisten) zogen durch viele Städte und vermittelten gegen Bezahlung vor allem die Kunst, wie man durch geschickte Reden seine Ansicht durchsetzen konnte.
In dieser Zeit trat Sokrates unbeirrbar für eine ernsthafte Suche nach wahren Erkenntnissen ein und forderte eine entsprechende Lebensführung. Immer wieder verwickelte er seine Mitbürger, darunter auch ranghohe Politiker, in philosophische Gespräche und zwang sie so zum Nachdenken über Begriffe wie Gerechtigkeit, Weisheit, Tugend oder über das Wissen selbst. Diese Begriffe waren zwar in aller Munde, aber niemand wollte über deren wahre Bedeutung für das Leben nachdenken. Für viele seiner Mitbürger war Sokrates dadurch allerdings lästig. Er selbst verglich sich einmal mit einem Insekt, weil er wie dieses seine Gesprächspartner unablässig bedrängte und niemals von einer Befragung abließ.
Schließlich kam es zum Prozess gegen den damals 70-jährigen Sokrates. Offiziell lautete die Anklage auf Gottlosigkeit (Asebie) und Verführung der Jugend. Der eigentliche Grund waren aber wohl Sokrates' provokante und unnachgiebige Fragen.
Obwohl er die Möglichkeit gehabt hätte, weigerte sich Sokrates, aus dem Gefängnis zu fliehen. Er wollte nämlich trotz des ungerechten Urteils gegen ihn auf keinen Fall selbst ein Unrecht begehen. So blieb er seinen Überzeugungen bis in den Tod treu.

Der Konjunktiv im Hauptsatz (1): Iussiv/Hortativ/Prohibitiv

G

1. Croesus iubet: „Servī hospitī dīvitiās meās ostendant! Tum hospes dīcat, quem beātissimum putet!“
2. Servī Solōnem invītant: „Eāmus! Ambulēmus per domum rēgiam et spectēmus dīvitiās dominī nostrī!“
3. Solōn dīvitiās dīligentissimē spectat et stupet. Tamen Croesum ā superbiā prohibet: „Nē nimis fidem fortūnae tuae habueris, amīce! Nēmō ante fīnem vītae beātus nōminētur!“

Erste Übungen

1 Konjunktiv oder Indikativ? Schreibe die Formen sortiert nach Konjugationsklassen in dein Heft. Untersuche, ob ein Modus- bzw. Tempuszeichen vorliegt und markiere dann die Konjunktivformen:

S • T • K • M
Konjugationen beherrschen

perdās – dēlīberās – scīvērunt – servāverint – cōgitēmus – dēfendēmus – implōrētis – iacētis – fit – sit – ēgerō

2 Moduswechsel: Bilde die entsprechende Form im Konjunktiv bzw. Indikativ.

dēbent – fiunt – commovēs – sit – audit – rīseritis – dīxistī – vīxerint – nescīmus – ēgistis – quaerit

3 Viele Meinungen, aber was macht wirklich glücklich? Übersetze und ordne jedem Satz den entsprechenden Aussagemodus zu.

S • T • K • M
Modi kontextgerecht wiedergeben

Iussiv (Befehl) – Prohibitiv (Verbot) – Hortativ (Selbstaufforderung)

a) Sine inimicītiā cum amīcīs vīvāmus!
b) Nōn omnēs hominēs dīvitēs fēlīcēs nōminentur!
c) Nē multa possidentem beātum vocāveris!
d) Vītam brevem sapienter agāmus!
e) Nē rēs secundās parvī aestimāveritis!

W

Sōcratēs saepe per forum ambulābat et ex amīcīs et inimīcīs quaerēbat, quid ad vītam beātam *pertinēret*. Saepe sē nihil scīre dīcēbat et nōn *dēsinēbat* cīvibus *vitia* dēmōnstrāre. *Quā dē causā* complūribus *cīvibus odiō erat*. Quī tandem eī *obiēcērunt* eum adulēscentēs corrumpere et deōs urbis nōn colere. *Quā dē causā* eum suppliciō affēcērunt.

L Wer ist wirklich weise?

In seiner Rede verteidigt sich Sokrates zunächst nicht gegen die von seinen Gegnern vorgebrachten Anklagepunkte, sondern gegen jene Gerüchte, die schon seit langem über ihn in Athen kursieren. Den Grund für diese Verleumdungen sieht er in seinen alltäglichen Gesprächen, die er auf dem Marktplatz mit den Athenern führte:

Sokrates diskutiert mit den Athenern (Ausschnitt aus dem Gemälde von Raffael, „Die Schule von Athen", 1510/11 (Rom, Vatikanische Museen)

Necesse est mē dēfendere contrā eōs inimīcōs, quī iam diū meum modum vīvendī mihi obiciunt. Audīte, quōmodo illa probra[1] effecta sint! Vōs autem nē mē rīseritis! Nam rēs vērās vōbīs nārrābō. Testis vōbīs est Chaerephōn, quem ā puerō amīcum meum habeō.

Cui aliquandō ōrāculum Delphicum dīxerat nēminem sapientiōrem esse Sōcrate. Cum haec audīvissem, prīmō valdē commōtus sum. Deinde mēcum cōgitābam: „Ostendant iī, quī ab omnibus Athēniēnsibus sapientēs habentur, mē sapientem nōn esse! Hī in sermōne dēmōnstrent sē sapientiōrēs mē esse!"

Itaque ad eōs, quī cīvitātī nostrae praesunt, adiī et: „Quaerāmus", inquam, „utrum ōrāculum Delphicum vērum dīxerit an nōn! Sapientis est scīre, quid ad bene vīvendum pertineat. Vōs, quī ab omnibus sapientēs habēminī, dīcite mihi, quōmodo hominēs bonī fīant!"

Cum illī autem nihil respondēre potuissent, haec cōgnōvī: Illī quidem sapientēs esse videntur, sed rē verā nōn sunt. Nam putant sē ea scīre, quae nesciunt. Ego autem, cum nesciam, quōmodo hominēs bonī fīant, nōn exīstimō mē sapientem esse. Itaque cīvēs semper monēbam: „Nē exīstimāveritis vōs ea scīre, quae rē vērā nescītis!"

Quā dē causā multīs cīvibus odiō sum. Quī iam diū dīcunt: „Iste vir taceat! Nē nōbīs molestus[2] sit! Nē adulēscentēs perdat verbīs suīs!" Ego autem numquam dēsinam cum cīvibus in forō sermōnēs dē virtūtibus et dē vitiīs habēre. Nam omnēs hominēs semper studeant, ut vītam cum virtūte agant!

[1] **probrum, ī n.** der Vorwurf, die üble Nachrede

[2] **molestus, a, um** lästig

Übungen

1 Erkläre, warum das Delphische Orakel Sokrates als Weisen bezeichnet (Z. 8–19).

S • T • K • M
Textaussagen reflektieren

2 Erörtert in der Klasse, ob Sokrates nicht doch weise war, obwohl er sagte, dass er nichts wisse (Z. 20–24).

3 Schreibe aus dem Lesestück alle Konjunktive im Hauptsatz heraus und erkläre ihre jeweilige Funktion.

S • T • K • M
Konjunktive erklären

4 Stellt in verschiedenen Gruppen die Wörter aus dem Lektionstext zusammen, die zum Sachfeld „Recht/Rechtsprechung" gehören, und präsentiert sie mit weiteren Wörtern in einer Mindmap.

S • T • K • M
Sachfelder erstellen

5 Noch ist die Sache des Sokrates nicht verloren – wenn jeder tut, was er soll. Wandle die Aussagesätze in Jussive um und übersetze dann.

S • T • K • M
Funktionen der Konjunktive beherrschen

Beispiel: Amīcī veniunt. → Amīcī veniant!

a) Athēniēnsēs verba Sōcratis dīligenter audiunt.
b) Athēniēnsēs Sōcratem crīminibus falsīs absolvunt.
c) Cīvēs Sōcratem honōribus et praemiīs afficiunt.

6 Sokrates nimmt Abschied von seinen Freunden. Verneine die folgenden Aussagen, indem du die Prohibitive bildest, und übersetze dann.

Beispiel: Amīcī dēspērant. → Sōcratēs: „Nē dēspērāveritis!"

a) Amīcī dēsinunt dē nātūrā rērum quaerere. → Sōcratēs: „...!"
b) Sōcratēs nōs in rēbus adversīs dēserit. → Amīcī: „...!"
c) Amīcī dē morte (Sōcratis) flent. → Sōcratēs: „...!"
d) Sōcratēs Athēnīs manet. → Amīcī: „...!"
e) Amīcī Sōcratem implōrant. → Sōcratēs: „...!"

7 Übersetze und erkläre jeweils die Funktion des Konjunktivs im Hauptsatz:

a) Quaerāmus, quōmodo Sōcratī auxiliō veniāmus!
b) Sōcratēs, quem nōnnūllī cīvēs accūsāvērunt, salūtem fugā petat!
c) Sōcratī praemium dētur, quia cīvēs monet, ut dē vitiīs cōgitent!
d) Nē quaerere dēsieritis, quid ad vītam beātam pertineat.

8 Die Inschrift auf der Herme (S. 36) lautet übersetzt: „Ich habe es nicht erst jetzt, sondern immer schon so gehalten, dass ich mich in meinen Angelegenheiten einzig und allein von der Überlegung leiten lasse, die mir beim Nachdenken die beste scheint."
Diskutiert, ob dieser Satz auch für euch heute gelten kann.

S • T • K • M
Antike Aussagen mit heutigen Denkweisen vergleichen

Lektion 52

Diogenes und Alexander der Große

Im 4. Jahrhundert v. Chr. eroberte König Alexander von Makedonien mit seinen Truppen Ägypten, das Perserreich und Teile Indiens. In der Folge wurde Alexander der Große, wie man ihn nannte, von vielen sogar wie ein Gott verehrt. Zudem breitete sich im Zuge seiner Herrschaft die griechische Kultur nicht nur im östlichen Mittelmeerraum, sondern auch in weiter östlich gelegenen Gebieten aus. Man bezeichnet diese Verbreitung griechischer Kultur sowie die gesamte Epoche nach Alexanders Tod (323 v. Chr.) als Hellenismus.

Bereits in der Antike gab es zahlreiche literarische Werke, in denen das Leben Alexanders in mehr oder weniger glaubhaften Anekdoten dargestellt wurde. Bekannt ist der Bericht von Alexanders Begegnung mit dem Philosophen Diogenes. Tatsächlich war Alexander hochgebildet. Sein Erzieher war der bedeutende Philosoph Aristoteles, und so ist es denkbar, dass der Herrscher den Wunsch hatte, auch mit dem Philosophen Diogenes zu sprechen.

J. W. Waterhouse, Diogenes (1882)

Um die Person des Diogenes ranken sich ebenfalls verschiedene Geschichten. Er trat für einen äußerst einfachen Lebensstil ein, der dem Menschen möglichst viel Unabhängigkeit und Freiheit bringen sollte. So schlief er in einem Vorratsgefäß und lehnte das Ansammeln persönlicher Besitztümer ab. Seine Mitmenschen in der reichen Handelsstadt Korinth kritisierte er aggressiv und verhielt sich dabei oft provozierend. Bekannt ist die Geschichte, der zufolge Diogenes am helllichten Tag mit einer Lampe über einen belebten Marktplatz ging und erklärte, er sei auf der Suche nach einem wahren Menschen. Es ist kein Wunder, dass die Bürger Diogenes wegen seines Auftretens und seiner Lebensweise ablehnten. Man beschimpfte ihn als kýon (griechisch: „Hund"), und so bezeichnete man auch seine Anhänger als „Kyniker" (wovon unser Fremdwort „Zyniker" abstammt).

Als Alexander und Diogenes einander begegneten, trafen also gegensätzliche Lebensstile aufeinander: Der mächtigste Mann seiner Zeit, der den Prunk durchaus schätzte, suchte den in Armut lebenden Philosophen auf. Die Geschichte von der Begegnung dieser beiden bedeutenden Menschen dürfte auch deshalb so berühmt sein, weil sie uns mit wichtigen philosophischen Fragen konfrontiert: Hat ein Leben im Luxus nur Annehmlichkeiten oder bringt es auch Nachteile mit sich? Kann ein einfaches Leben dazu führen, dass der Mensch sich frei fühlt? Und vor allem: Was brauchen wir überhaupt zum Leben?

Der Konjunktiv im Hauptsatz (3): Potentialis und Deliberativ/ Der Potentialis im Konditionalsatz

G

1. Diogenēs philosophus cīvēs semper monuit: „Sī verbīs meīs pārērētis, beātī fierētis.
   Vōs, sī verbīs meīs pāreātis (pārueritis), beātī fiātis. Nam sine luxuriā vītam beātam agātis (ēgeritis).“
2. Alexander, cum Diogenem convēnisset, sēcum dēlīberāvit: „Quid faciam? Domum redeam an hīc maneam? Nisī Alexander essem, vellem esse Diogenēs!“

Erste Übungen

1 Lege eine Tabelle nach folgendem Beispiel an und bilde dann von den Verbformen jeweils alle Konjunktive:

S • T • K • M
Konjugationen beherrschen

licet – sunt – perdit – dēbeō – exīstimāmus – gerit – audiunt – facitis – comparās – potest

Konj. Präsens	Konj. Imperfekt	Konj. Perfekt	Konj. Plusquamperfekt
liceat	licēret	licuerit	licuisset
…	…	…	…

2 Sicher durch den Konjunktiv im Hauptsatz – Ordne die einzelnen Sätze ihrem jeweiligen Aussagemodus und der entsprechenden Übersetzung zu:

S • T • K • M
Funktionen der Konjunktive im Kontext beherrschen

1. Domum eāmus!	A) Optativ (erfüllbar Gw.)	a) … nicht …
2. Quō eāmus?	B) Prohibitiv	b) … dürften …
3. Utinam domum eās!	C) Hortativ	c) Wohin sollen …
4. Nē domum ieris!	D) Optativ (unerfüllbar, Vg.)	d) Wenn … doch …
5. Utinam domum īssent!	E) Potentialis	e) Lasst uns …
6. Nunc domum eant.	F) Deliberativ	f) Hoffentlich …

3 Fragen über Fragen – Übersetze:

a) Quid dīcam? b) Quid tibi respondeam? c) Quō tēcum iter faciam?
d) Quid agāmus? e) Quōmodo perīculum effugiāmus?

W

Inimīcī Sōcratis *contendērunt* eum sermōnibus *iuvenēs* perdidisse. Falsīs crīminibus Sōcratem accūsāvērunt et dē eō supplicium *sumpsērunt*. Platō autem cōgnōvit eōs *iniūstē* ēgisse. Putāvit nūllam cīvitātem *iūstē* regī, nisī philosophī rēgēs fiunt. Nam tantum philosophī *artem* rēctē regendī *didicērunt*.

L Wer soll einen Staat regieren?

Platon war sehr daran interessiert, an den politischen Entscheidungen in Athen mitzuwirken. Als aber einige Bürger die Macht übernahmen, missfiel ihm dies. In einem Brief berichtet Platon über seine Reaktion:

Platon (3. von links) im Kreise seiner Schüler, Römisches Mosaik aus der Villa des T. Siminius Stephanus in Pompeji (Neapel, Nationalmuseum)

Ā puerō saepe optābam: „Utinam mihi quam celerrimē licēret ad rem pūblicam accēdere!“ Posteā nōn multum āfuit, quīn cum aliīs cīvibus cīvitātem nostram administrārem. Sed eō tempore nōnnullī eōrum, quī cīvitātī praeerant, iterum atque iterum contendēbant Sōcratem, amīcum meum et virum iūstissimum, iuvenēs sermōnibus perdere et cīvitātī nostrae perniciēī esse. Quis īgnōrat haec crīmina falsa fuisse? Tamen hī inīmicī Sōcratem accūsāvērunt et dē eō supplicium sumpsērunt.

Equidem, cum mēcum cōgitābam, quālēs esse dēbeant iī, quī cīvitātem nostram administrent, intellēxī difficillimum esse rem pūblicam iūstē gerere. Ac profectō omnēs cīvitātēs iniūstissimē regantur, nisī aut philosophī rēgēs fiunt aut rēgēs philosophī. Hī enim sōlī iūstitiam vēram cōgnōscentēs rem pūblicam iūstissimē gesserint.

Sed quōmodo hanc miserrimam condiciōnem cīvitātis meliōrem reddāmus? Quid faciāmus? Multitūdō enim putat philosophōs rērum imperītōs[1] esse – sed fallitur. Nam cīvitātem comparō cum nave quādam, cīvēs cum nautīs quibusdam. Quī, cum artem gubernandī[2] nōn didicerint, tamen semper student ad gubernācula[3] accēdere. Haec autem nōn cōgitent: Vērus gubernātor[4] caelum, ventōs, sīdera, omnia alia, quae ad optimē gubernandum[2] pertinent, nōn īgnōrat. Sī ille autem nautīs dēmōnstret eōs cursum tenēre nōn posse, nautae eum vel reprehendant vel rērum imperītum[1] appellent vel īrā commōtī occīdant.

[1] **rērum imperītus, a, um** in den wichtigen Dingen unerfahren; weltfremd

[2] **gubernāre** (ein Schiff) steuern, lenken

[3] **gubernāculum, ī n.** das Steuerruder

[4] **gubernātor, gubernātōris m.** der Steuermann

Übungen

1 a) Erläutere, welche Erfahrungen Platon zu der Erkenntnis geführt haben, dass die athenische Demokratie keine gerechte Staatsform sei.
b) Erläutere auf der Grundlage des Schiffsherrengleichnisses (Z. 22–30), inwiefern sich laut Platon der wahre Staatsmann von den übrigen Bürgern, die politisch tätig sind, unterscheidet.

S • T • K • M
Textaussagen reflektieren

2 Stellt in verschiedenen Gruppen die Wörter und Wendungen aus dem Lektionstext zusammen, die zum Sachfeld „Politik/politische Betätigung" gehören, und präsentiert sie mit weiteren Wörtern in einer Mindmap.

S • T • K • M
Sachfelder erstellen

3 Bestimme den jeweiligen Aussagemodus und übersetze entsprechend:

a) Platō sēcum cōgitat: „Utinam Athēniēnsēs verba Sōcratis intellēxissent!
b) Multī dīxerint Sōcratem ab Athēniēnsibus iniūstē suppliciō affectum esse.
c) Utinam cīvēs cōgnōscant rem pūblicam iniūriīs regī nōn posse!
d) Nē hominēs, quī iūstitiam neglegunt, rem pūblicam administrent!
e) Quōmodo istōs prohibeam, nē ad rem pūblicam accēdant?
f) Eōs hīs verbīs moneam: Nē perdideritis rem pūblicam nostram!
g) Utinam mihi statim pārērētis!"

S • T • K • M
Funktionen der Konjunktive im Kontext beherrschen

4 Sententīae Latinae: Übersetze die folgenden lateinischen Redewendungen und Sprichwörter:

a) Audiātur et altera pars! b) Vīvāmus atque amēmus! c) Fiat lūx!
d) Gaudeāmus igitur[1], iuvenēs dum sumus! e) Nōlī mē tangere!

S • T • K • M
Lateinische Sprichwörter kennen

[1] **igitur** also

5 Das römische Mosaik (S. 46) zeigt eine Darstellung des philosophischen Gesprächs in der Schule Platons, der sogenannten Akademie. Im Hintergrund erkennt man die Stadtmauer von Athen und die Akropolis mit dem Parthenon. Informiere dich, worauf der Name „Akademie" zurückzuführen ist und was man heute unter einer Akademie versteht.

S • T • K • M
Informationen beschaffen und auswerten

6 a) Versuche die folgenden griechischen Wörter zu entziffern:

ΑΘΗΝΑΙ, ΠΛΑΤΩΝ, ΣΩΚΡΑΤΗΣ, ΦΙΛΟΣΟΦΙΑ

b) Informiere dich, welche englischen oder französischen Wörter von dem lateinischen Wort gubernātor bzw. gubernāre abgeleitet sind.

S • T • K • M
Lateinische Wörter für andere Sprachen nutzen

7 Diskutiert, ob der „Philosophen-König-Satz" (Z. 19 f.) auch in einer modernen Demokratie gelten soll.

S • T • K • M
Antike und moderne Staatsmodelle vergleichen

Plateaulektion 50 – 53

Grundwissen: Griechische Philosophie

Bedeutende griechische Philosophen (5./4. Jh. v. Chr.)

Sokrates (469 – 399 v. Chr.)

- befasste sich mit dem Menschen und der Frage nach dem richtigen Leben
- belehrte die Bürger von Athen nicht durch Schriften oder Vorträge, sondern durch Gespräche und geschickte Fragestellungen
- war ein Gegner der Sophisten (Weisheitslehrer und Redner), deren Anspruch, die Menschen belehren zu können, er ablehnte → vgl. Sokrates' berühmten Ausspruch: **„Ich weiß, dass ich nichts weiß."**
- wurde u. a. wegen des Vorwurfs, er verderbe die Jugend, angeklagt und hingerichtet

Hintergrund:
Die **Demokratie von Athen** im 5./4. Jh. v. Chr. (erste demokratische Regierung einer Stadt/eines Staates überhaupt)

Platon (427 – 347 v. Chr.)

- war der berühmteste Schüler des Sokrates
- vermittelt in seinen philosophischen Dialogen eine Einblick in die Gedanken seines Lehrers, der selbst keine Schriften hinterließ
- verfasste unter anderem das berühmte Werk **„Politeia" („Der Staat")**, in dem er das Idealbild eines Staates entwirft; darin auch der berühmte **„Philosophen-König-Satz"**: „Erst wenn die Regierenden gleichzeitig auch Philosophen sind oder wenn die Philosophen an die Regierung kommen, kann ein Staat gerecht gelenkt werden."

4. Jh. v. Chr.: Die berühmte Begegnung zweier bedeutender Männer

Hintergrund:
Die Epoche des **Hellenismus** (Verbreitung griechischer Kultur in dem von Alexander eroberten Reich)

Diogenes (400/390 – 328/323 v. Chr.)

- trat für ein denkbar einfaches, unabhängiges Leben ohne materielle Güter ein
- kritisierte luxuriöses Leben und wurde als kýon („Hund") beschimpft (weshalb seine Anhänger als „Kyniker" bezeichnet wurden; vgl. unser Wort „Zyniker")

Alexander der Große (356 – 323 v. Chr.)

- war sehr gebildet (Schüler des Philosophen Aristoteles)
- fragte den Philosophen, was er sich von ihm wünsche, und erhielt darauf von Diogenes die überraschende Antwort:

„Geh mir aus der Sonne!"

Mit der Zunahme von Städtegründungen im 11. und 12. Jahrhundert entstanden weltliche Schulen, die auch das vermittelten, was für den Handel und das Gewerbe wichtig war. Dies setzte sich in der folgenden Zeit fort: Neue Wissensgebiete wie Physik, Geschichte, Medizin wurden im 12./13. Jahrhundert als Lehrfächer hinzugefügt.
Große Veränderungen in den Schulen gab es zu Beginn der Neuzeit. Entdeckungen und naturwissenschaftliche Forschungen veränderten das bisherige Weltbild der Menschen. Hinzu kamen die Ideen von Humanismus und Renaissance, die das Individuum in den Mittelpunkt ihres Denkens stellten und sich für die Antike und die alten Sprachen begeisterten. Zu den bedeutenden Humanisten in Deutschland gehörten Erasmus von Rotterdam (1466–1536) und Philipp Melanchthon (1497–1560).
Weitere Veränderungen im Schulwesen gab es in der Reformation. Die Schulneugründungen protestantischer Landesfürsten als Ersatz für die aufgelösten Klosterschulen können als Beginn des staatlichen Schulwesens in Deutschland angesehen werden. Der Lehrstoff der höheren Schulen blieb das Lesen und Schreiben der lateinischen Sprache. Durch die Hinwendung zu den antiken Autoren handelte es sich nun aber um das klassische Latein und nicht um das Kirchenlatein. Die Schüler mussten sich in den Pausen und auf der Straße in Latein unterhalten, im 16. Jahrhundert war es sogar bei Strafe verboten, Deutsch zu sprechen.

Unterrichtsszene, Miniatur aus dem Jahre 1372
(Paris, Bibliothèque Sainte-Geneviève)

Hans Holbein der Jüngere, Holzschnitt zu der Schulschrift Martin Luthers „An die Ratsherren aller Städte deutschen Landes", 1524
(Heidelberg, Universitätsbibliothek)

- Vergleiche die beiden Darstellungen einer Unterrichtsszene und nenne unter Berücksichtigung ihrer Entstehungszeit Gemeinsamkeiten und Unterschiede.
- Informiere dich über Erasmus von Rotterdam sowie über Philipp Melanchthon und erkundige dich nach weiteren Humanisten.

Lektion 54

Schulische Bildung als Voraussetzung einer politischen Karriere

In der Zeit der Republik gab es vereinzelt allgemein zugängliche Schulen. Eine höhere Allgemeinbildung durch Privatlehrer konnten sich nur Familien aus der Nobilität leisten.

Die schulische Ausbildung änderte sich mit Beginn des Principats. Da zahlreiche Mitglieder der Senatsaristokratie in den Bürgerkriegen während der letzten Jahrzehnte der Republik ihr Leben verloren hatten, ergänzte der Princeps Führungskräfte für die kaiserliche Verwaltung aus Mitgliedern der führenden Familien in den Provinzen. Diese waren deshalb sehr daran interessiert, dass es an ihrem Wohnort oder in der Nähe ein schulisches Angebot für ihre Kinder gab. So verbreitete sich im Laufe der Zeit über Italien hinaus in allen Provinzen ein dichtes Netz von Elementarschulen. In diesen erteilten in der Regel staatlich angestellte Lehrer Jungen und Mädchen in lateinischer Sprache Grammatik- und Rhetorikunterricht. Für die Einwohner in den Provinzen bot die Kenntnis der lateinischen Sprache eine Chance für eine berufliche Laufbahn in der Politik oder Verwaltung.

Dom S. Maria Maggiore in Como, Fassade: Statue Plinius' des Jüngeren von Tommaso und Jacobo Rodari

Ein Brief des jüngeren Plinius, den du bereits in seinen Schreiben an Kaiser Trajan und andere kennengelernt hast (vgl. Plateaulektion 50–53), gibt ein schönes Beispiel für das Interesse der Provinzbewohner an einem guten wohnortnahen Bildungsangebot für ihre Kinder.

C. Plinius Caecilius Secundus, genannt der jüngere [Plinius] (61–ca. 113 n. Chr.), wurde selbst als Angehöriger des Ritterstandes in Novum Cōmum (Como) geboren und erhielt dort seine erste schulische Ausbildung. Nach dem frühen Tod seines Vaters wurde er von seinem Onkel, dem älteren Plinius, nach Rom geholt und adoptiert. In Rom setzte er dann seine Ausbildung fort und studierte unter anderem bei Quintilian, dem damals berühmtesten Redelehrer, Rhetorik. Diese Ausbildung war die Grundlage für eine glänzende Karriere in verschiedenen politischen Ämtern. Plinius durchlief den gesamten cursus honōrum, wurde im Jahr 100 n. Chr. Konsul und verwaltete einige Jahre später sogar die Provinz Bithynia. Seine Karriere zeigt, wie wichtig in der römischen Kaiserzeit die höhere Schulbildung war und welche Möglichkeiten sie auch für die Bürger eröffnete, die nicht der alten römischen Nobilität angehörten.

Das Gerundivum als Prädikatsnomen / Der dativus auctoris

G

Cicerō, quī philosophiae Graecōrum studuit, adulēscentēs Rōmānōs monuit: „Liber, quem Platō philosophus dē rē pūblicā cōnscrīpsit, praeclārus est. Omnēs, quī reī pūblicae student, hunc librum legere dēbent. Hunc librum legī necesse est. Hic liber legendus est.
Verba philosophōrum Graecōrum ab adulēscentibus Rōmānīs audīrī necesse est. Verba philosophōrum Graecōrum adulēscentibus Rōmānīs audienda sunt. Verba philosophōrum Graecōrum adulēscentibus neglegenda nōn sunt."

Erste Übungen

1 Unterscheide, bei welchen Formen es sich eindeutig um ein Gerundivum handelt und welche entweder Gerundium oder Gerundivum sein können. Einige Formen sind weder Gerundium noch Gerundivum: Bestimme diese genau und übersetze sie.

S • T • K • M
Verwechselbare Formen unterscheiden

adhibendō – ascendī –ascendendī – condis – dīcendīs – incendiīs – iubendīs – labōrandīs – līberandōs – lūdendās – mandās – mūnienda – ostendendum

2 Übersetze die folgenden Sätze. Setze dann das Subjekt und das Prädikat in den anderen Numerus. Beachte dabei die KNG-Kongruenz des Gerundivums mit seinem Bezugswort.

S • T • K • M
KNG-Kongruenz beherrschen

a) Verba audienda sunt. b) Sententiae Platōnis neglegendae nōn sunt.
c) Iter faciendum est. d) Hostēs arcendī sunt. e) Amīcus servandus est.

3 Setze die in Klammern stehende Form in den dativus auctoris. Übersetze dann die Sätze.

S • T • K • M
Kasusfunktionen zielsprachengerecht wiedergeben

a) (Mīlitēs) castra defendenda sunt.
b) (Discipulī) verba magistrī neglegenda nōn sunt.
c) (Ego) amīcus deserendus nōn est.
d) (Nautae) nāvēs solvendae sunt.
e) (Patrōnus) ōrātiō habenda est.

W

Plīnius, cum audīvisset fīliōs procul ā patriā magistrīs trādī, patrēs rogāvit: „Cur fīliī vestrī nōn in patriā *īnstituuntur*? Vōbīs *suādeō*: Pecūniam *cōnferte*, ut magistrī fīliōs vestrōs in patriā doceant. Nam necesse est līberōs in patriā studia *exercēre*. Ibi enim sub *oculīs* parentum vīvent atque docēbuntur. Ego, quamquam *nōndum* līberōs habeō, tamen vōbīs pecūniam dabō."

Die Gründung einer neuen Schule

Der Schriftsteller und Politiker C. Plinius wendet sich in einem Brief an den berühmten Geschichtsschreiber Cornelius Tacitus. Er berichtet ihm von einer Unterhaltung, die er in seiner Heimatstadt Novum Comum (heute: Como) mit einem Vater geführt hat. Dann bittet er Tacitus um Unterstützung:

C. Plīnius Tacitō suō s.

Nūper, cum in patriā meā essem, vēnit ad mē homō quīdam cum fīliō. Huic ego, „Studēs?“, inquam. Respondit: „Sīc est.“ – „Ubī?“ – „Mediōlānī.[1]“ – „Cūr nōn hīc?“ – Et pater eius: „Quia nūllōs hīc praeceptōrēs[2] habēmus, fīliō patria relinquenda est.“

Tum ego: „Ubī līberī iūcundius vīvunt quam in patriā et sub oculīs parentum? Ubī minōre sūmptū īnstituuntur quam domī? Iī, quī hīc nātī sunt, hīc īnstituendī sunt! Itaque suādeō parentibus huius cīvitātis: Vōbīs pecūnia cōnferenda est, ut praeceptōrēs[2] condūcātis. Atque ego, quī nōndum līberōs habeō, parātus sum prō cīvitāte nostrā dare tertiam partem pecūniae, quae vōbīs cōnferenda est. Sed vōbīs cūrandum est, ut praeceptōrēs[2] idōneī dēligantur. Ut nunc līberī vestrī aliēnīs locīs studia exercent, ita mox aliēnī hunc locum petant! Cessandum nōn est!“

Hunc sermōnem, mī[3] Cornēlī, dīligentius referendum esse putāvī, ut scīrēs, quid ā tē peterem: Nam tē rogō, ut ex cōpiā iuvenum hūmānōrum, quī ad tē saepe conveniunt, parentibus praeceptōrēs[2] idōneōs commendēs[4]. Tum illī parentibus dēligendī sunt. Proinde sī quem dēlēgerint, huic Cōmum eundum est. Valē.

[1] **Mediōlānī** (Lokativ) in Mediolanum (Mailand)

[2] **praeceptor, ōris m.** Lehrer

[3] **mī** (Vokativ zu **meus**) mein lieber

[4] **commendāre** jemanden empfehlen

Ehreninschrift für Plinius, ca. 111–114 n. Chr. (CIL 5, 5262)

Übungen

S • T • K • M
Sachfelder erstellen

1 Erstelle ein Sachfeld mit Begriffen zum Thema „Bildung“. Beginne mit den entsprechenden Wörtern aus dem Lesestück. Sammle dann weitere Wörter und Wendungen.

2 In der römischen Antike gibt es keine Schulpflicht, Bildung ist Privatangelegenheit.

a) Nenne aus dem Lesestück die Argumente, die laut Plinius dafür sprechen, in Como eine neue Schule zu gründen.

b) Erarbeite aus dem Lesestück, welche einzelnen Schritte notwendig sind, um die neue Schule zu gründen.

S • **T** • K • M
Texte reflektieren

3 Pflichten der Schüler und des Lehrers. Ergänze jeweils die passende Endung des Gerundivums und übersetze:

S • T • K • M
Gerundivkonstruktionen beherrschen

Discipulīs ...
a) ... officia servand ? sunt.
b) ... verba magistrī neglegend ? nōn sunt.
c) ... librī philosophōrum legend ? sunt.
d) ... clamor tollend ? nōn est.

Magistrō ...
e) ... exemplum bonum dand ? est.
f) ... discipulī īnstituend ? sunt.
g) ... līberī terrend ? nōn sunt.
h) ... fābulae narrand ? sunt.

4 Unpersönlich: Die folgenden Beispiele zeigen das prädikative Gerundivum in unpersönlichen Konstruktionen. Übersetze und achte dabei darauf, ob ein dativus auctoris vorliegt oder nicht.

a) Parentibus parendum est.
b) Discipulīs diligenter audiendum est.
c) Nōbīs vītae beatae studendum est.
d) Hostibus parcendum est.
e) Vōbīs cessandum nōn est.

5 Aufforderungen und Befehle! Dass etwas getan werden muss oder nicht getan werden darf, kann im Lateinischen nicht nur durch das prädikative Gerundivum ausgedrückt werden. Gib an, welcher Aussagemodus bei den folgenden Wendungen jeweils vorliegt, und übersetze diese.

S • T • K • M
Funktionen der Modi erkennen

a) Discipulus dīligentissimē labōret!
b) Agite! c) Nē timueris! d) Eāmus! e) Nōlīte abīre!

6 Informiere dich, welche Ämter Plinius der Jüngere in seinem Leben bekleidet hat, und identifiziere sie in den Überresten der Ehreninschrift aus Como (S. 56).

S • T • **K** • **M**
Informationen beschaffen und auswerten

Lektion 55

Karl der Große und die Bildungsreform

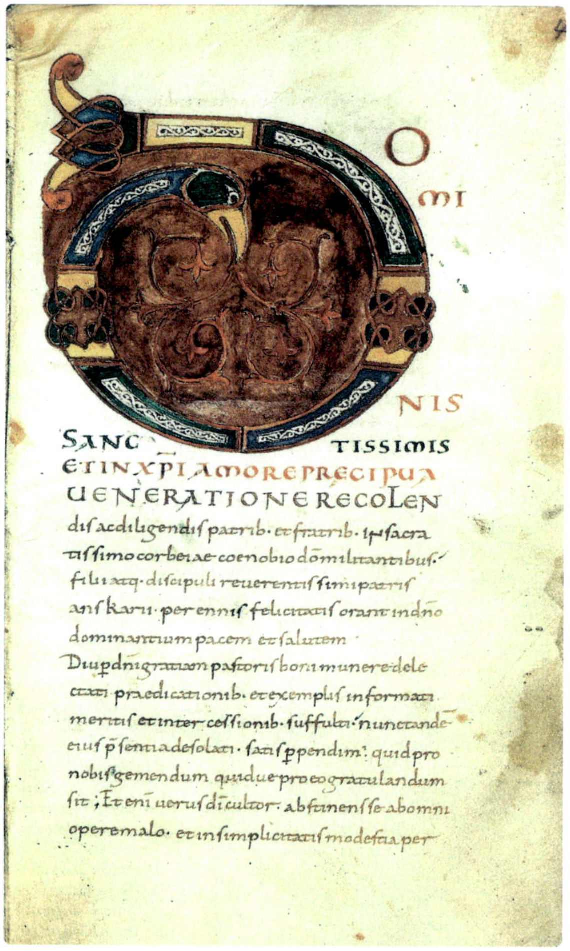

Rimbert, Vita Anskarii, Biographie des hl. Ansgar (801–865), verfasst in der karolingischen Minuskel, nach 865 im Kloster Corvey (Stuttgart, Württembergische Landesbibliothek)

Mit der Ausbreitung des Christentums entstand zwischen heidnischer Bildung und christlicher Religion zunächst ein Gegensatz, den nur wenige, wie z. B. Hieronymus überwinden konnten. Im Laufe des 5. Jahrhunderts entwickelte sich jedoch eine allmähliche Annäherung; die Fächer der antiken Schule, besonders Grammatik und Rhetorik waren eine wichtige Vorbereitung auf das Bibelstudium. In dieser Zeit existierte in Gallien ein blühendes Schulwesen, das jedoch im Laufe der Zeit verging.

Während sich im Merowingerreich, das auf dem Gebiet der früheren Provinz Gallien entstanden war, die staatliche und kirchliche Organisation immer mehr auflöste, widmeten sich am Rand Europas, in Irland und Schottland, Mönche mit Eifer den Werken der heidnischen und christlichen Autoren. Zunächst um 600, dann verstärkt zu Beginn des 8. Jahrhunderts übertrugen die iroschottischen und angelsächsischen Gelehrten und Missionare ihren Bildungs- und Glaubenseifer auf das europäische Festland. Von besonderer Bedeutung war der Angelsachse Winfried/Bonifatius (672/673–754) durch sein missionarisches und organisatorisches Wirken.

Auf dieser Grundlage führte einige Jahrzehnte später Karl der Große die Kirchen- und Bildungsreform durch. Zu den Zielen gehörte, die mangelhaften Kenntnisse der Geistlichen durch eine gute Ausbildung zu beheben, den Menschen den christlichen Glauben zu vermitteln und durch eine gute Bildung der Jugendlichen die Voraussetzungen für eine effektive Verwaltung in der Kirche und im Reich zu schaffen. Träger von Schule und Bildung waren nun nicht mehr die weltlichen Rhetorenschulen, sondern Dom- und Klosterschulen. Auf der Grundlage der antiken lateinischen Texte wurde das Schriftlatein reformiert und die karolingische Minuskel als einheitliche Schrift im Frankenreich eingeführt. In den Schreibschulen der Klöster wurden neue Exemplare der Bibel und von Werken der antiken Autoren geschrieben und von dort im Reich verbreitet. Zum Zentrum von Bildung und Wissenschaft machte Karl die Hofschule, an die er die besten Gelehrten nicht nur des Frankenreiches, sondern ganz Europas berief.

G

Das Gerundivum als Attribut

Karolus rēx quōsdam puerōs virō doctō īnstruendōs mandāvit.
Aliī puerī cupidī nōn erant linguam Latīnam discendī. – Aliī puerī cupidī nōn erant linguae Latīnae discendae.
Aliī, quī carmina recitandō rēgem dēlectāverant, ā Karolō laudātī sunt. – Aliī, quī carminibus recitandīs rēgem dēlectāverant, ā Karolō laudātī sunt.
Iī, quī ad carmina cōnscrībenda parātī nōn erant, ā Karolō reprehēnsī sunt: „Mōrēs vestrōs nōn tolerandōs reprehendō."

Erste Übungen

1 Übersetze die folgenden Wendungen:

S • T • K • M
Wendungen zielsprachengerecht übersetzen

facultās linguae Latīnae discendae – linguae Latīnae discendae studēre – tempus sibi sūmere ad linguam Latīnam discendam – linguā Latīnā discendā dēlectārī

2 Setze die richtige Endung ein und übersetze dann:

S • T • K • M
Gerundivkonstruktionen beherrschen

a) Parātus sum ad litterās scrībend ?
b) Amīcōs conveniō ad cōnsilium capiend ?
c) In amīcā adiuvand ? semper fīdam tē praestitistī.
d) Cūram adhibē in amīcīs dēligend ? !

3 „Viele Möglichkeiten", aber nur eine Lösung – Bilde das Gerundivum im richtigen KNG und übersetze dann jeweils die Wendung:

Mihi est facultās (linguam Latīnam cōgnōscendī) → Mihi est facultās linguae Latīnae cōgnōscendae. – Ich habe die Möglichkeit, die lateinische Sprache zu erlernen.
Mihi est facultās ...
a) ... patrem vīsitandī
b) ... urbem spectandī
c) ... rem bene gerendī
d) ... amīcum conveniendī
e) ... frātrem adiuvandī
f) ... sententiam explicandī

W

Magister quīdam ad parentēs: „*Ināne* negōtium est vestrōs līberōs docēre. Labor meus *dūrus* est. Nēmō *umquam* tot labōrēs *dūrōs* subiit, *quot* ego subeō: *Ubi prīmum* puerī lūdum meum intravērunt, praecepta mea neglegunt et mē rīdent. Putet aliquis: Hī *stultī* puerī mē *necāre* mālunt quam *sponte suā* discere!"

L Die Klage eines geplagten Lehrers

Nicht nur Schüler klagen über die Schule, sondern manchmal auch Lehrer. Der Humanist Philipp Melanchthon hat um 1533 in einer Schrift eine anschauliche Schilderung des Schulalltags an einer Elementarschule gegeben, an die sich der folgende Textausschnitt anlehnt. Darin zeichnet ein Lehrer ein düsteres Bild seines schrecklichen Schulalltags, was jedoch nicht ganz ernst gemeint war:

In Aesōpī fābulīs asinus[1] apud Iovem clāmat sē labōribus suscipiendīs quasi necārī. Sed magistrī querēla[2] dē dolōribus accipiendīs rē vērā iūstior est quam haec querēla asinī. Cui enim asinō umquam in pistrīnō[3] tot mala perferenda erant, quot magistrō in discipulīs docendīs? Itaque nunc ā mē comperīte, quālis condiciō magistrī sit!

Iam tum, cum parentēs magistrō puerum docendum trādunt, facillimē intellegī potest, quam dūrum mūnus magistrī sit. Iste puer enim nōn sōlum nūllum amōrem litterārum, sed etiam ācerrimum odium eārum domō affert. Cum ēiusmodī mōnstrō[4] magistrō contendendum est!

Etiam haec rēs nōn ferenda saepe accidit: Sī istum puerum docēs, peregrīnātur[5] animus eius, et iterum atque iterum eadem praecepta ei inculcanda[6] sint, dum ei invītō haereant in animō. Paulo post autem illa verba, quae magister saepe repetēbat, puerō ex animō effluunt[7]. Sī eum cōgās ea reddere, quae didicit, tum videās eundem respondendō magistrum rīdēre: Nam saepe sponte suā aliquid stultissimum dīcit, ut exerceat magistrum et īram eius commoveat.

Auctōrēs antīquī nārrant Sīsyphum in Tartarō frūstrā saxum ingēns in montem altissimum volvere. Explicant hāc rē dēmōnstrārī multōs hominēs labōribus inānibus cōnficī. Ac profectō negōtium magistrī ināne est: Cum semper puerīs docendīs studeās, tamen nihil in eīs efficis!

[1] **asinus, ī m.** der Esel
[2] **querēla, ae f.** die Klage
[3] **pistrīnum, ī n.** die Mühle
[4] **mōnstrum, ī n.** das Ungeheuer
[5] **peregrīnārī** abschweifen, umherschweifen
[6] **inculcāre** (etwas) einbläuen
[7] **effluere ō** verschwinden, entfallen

Schulszene um 1510 (Holzschnitt Albrecht Dürers)

Übungen

1 Stelle die negativen Eigenschaften zusammen, mit denen der Lehrer im Lesestück seine Schüler kennzeichnet.

S • T • K • M
Textaussagen reflektieren

2 Verfasst als Gegenstück die „Klage eines geplagten Schülers" und diskutiert in der Klasse, wie ein Unterricht aussehen könnte, der Schülern und Lehrern in gleicher Weise Freude macht.

S • T • K • M
Fremde und eigene Situationen reflektieren

3 Bestimme die Formen von is, ea, id und ersetze sie durch die entsprechenden Formen von idem, eadem, idem:

eius – eum – eōrum – iī – eī – eam – eās – earum

S • T • K • M
Pronomina beherrschen

4 Sammle aus dem Lesestück alle -nd-Formen und ordne sie nach Gerundium, Gerundivum als Prädikatsnomen und Gerundivum als Attribut.

S • T • K • M
nd-Formen systematisieren

5 Vorsicht Falle!

a) Suche alle Wörter heraus, die eine -nd-Form (Gerundium oder Gerundivum) sind:

aliquandō – agendō – ascendendī – ascendi – comprehendendō – comprehendō – contendendīs – contendis – dēfendis – dēfendendīs

b) Suche unter den folgenden nd-Formen alle Wörter heraus, die eindeutig Gerundivum sind und nicht Gerundium sein können:

volvendīs – volvendī – haerendōs – haerendō – prōmittendōrum – prōmittendum – instituendam – dēligenda – dēligendō – exercendae

6 Verwandle die folgenden Wendungen mit Gerundium in die entsprechende Konstruktion mit einem Gerundivum (vgl. Erste Übungen 3) und übersetze:

a) facultās discipulōs optimē docendī
b) Multās rēs feliciter gerendō laudem tibi peperistī.
c) cōnsilium urbem expūgnandī
d) spēs victōriam pariendī
e) Hostēs fugandō imperātor urbem servāvit.

S • T • K • M
nd-Konstruktionen differenzieren

7 Der Holzschnitt (S. 62) von Albrecht Dürer (lateinisch: Dūrērius) ist mit folgenden lateinischen Versen unterschrieben:

Vīventis potuit Dūrērius ōra Philippī,
Mentem nōn potuit pingere[1] docta manus[2].

Übersetze die beiden Verse und erkläre, inwiefern Dürer hier seine hohe Achtung vor Philipp Melanchthon zum Ausdruck bringt.

S • T • K • M
Textaussagen vor ihrem kulturellen Hintergrund deuten

[1] **pingere** malen, zeichnen

[2] **manus** die Hand

Plateaulektion 54 – 56

Grundwissen: Schule im Wandel der Zeit

Bildung als Voraussetzung für eine Karriere in der Kaiserzeit

- Voraussetzung für eine erfolgreiche Karriere im 1. Jahrhundert n. Chr. war eine umfassende höhere Bildung. **Plinius der Jüngere** (62 – 113 n. Chr.) bekleidete alle Ämter des cursus honōrum und wurde im Jahr **100 n. Chr.** sogar **Konsul**.
- Er gibt mit seinen **Briefen** (epistulae) einen guten Einblick in das private und öffentliche Leben der frühen Kaiserzeit (vgl. Plateaulektion 36 – 40).
- Er stiftete für die Mitbürger seiner Heimatsstadt Como einen Teil seines Vermögens, um ihnen die Bezahlung eigener Lehrer zu ermöglichen.

Die Karolingische Bildungsreform

- „Baptizō tē in nomine patria et fīlia et spiritūs sanctī. – Ich taufe dich im Namen das Vaterland und die Tochter und des Heiligen Geistes." Mit diesem falschen Latein haben Priester um die Mitte des 8. Jahrhunderts die Taufe vollzogen.
- **Karl der Große (747 – 814)** begegnet diesen Missständen mit einer großen **Bildungsreform**: Im Frankenreich werden in den Klöstern und an den Bischofssitzen **Schulen** gegründet.
- Amtssprache im Frankenreich wird das **Lateinische**, dessen Grammatik auch auf der Grundlage der antiken heidnischen Schriften vermittelt wird.
- Eine einheitliche Buchschrift wird geschaffen (**Karolingische Minuskel**); im Frankenreich werden antike und christliche Texte gesammelt, abgeschrieben oder neu verfasst.

Neue Schulen im Zeitalter des Humanismus

- Nach der **Eroberung Konstantinopels 1453** fliehen zahlreiche Gelehrte nach Italien und bringen dabei bisher unbekannte antike Handschriften mit.
- Durch die **Erfindung des Buchdrucks** finden die antiken Schriften eine rasche Verbreitung.
- Gelehrte, die sich von der Epoche des Mittelalters abgrenzen wollen, erheben die griechisch-römische Antike zum Maßstab. Ihr Motto lautet: „Ad fontēs! – Zurück zu den Quellen!"
- **Philipp Melanchthon (1497 – 1560)** wird als „Praeceptor Germāniae" (Lehrmeister Deutschlands) bezeichnet: Er gründet 1526 in Nürnberg das erste moderne Gymnasium und verfasst zahlreiche Lehrbücher.

Alle Menschen haben ein Recht auf Bildung

Johann Amos Comenius (1592–1670), ein aus Südmähren stammender Philosoph und Theologe, ist der bedeutendste Pädagoge des 17. Jahrhunderts. Sein Hauptwerk, die „Didactica magna" (veröffentlicht 1657), ist die erste große pädagogische Schrift der Neuzeit. Sein wichtigster Grundsatz lautet darin, dass man „alle alles ganz lehren" müsse. In der Einleitung dieses Werkes fordert Comenius eine umfassende Bildung für alle Menschen; nur so werde der Mensch zum wahren Menschen und könne ein Leben führen, das Gottes Wille entspreche.

Quis nescit etiam temporibus nostrīs quibusdam hominibus, quī studiō discendī incensī sunt, facultātem nōn esse litterārum cōgnōscendārum? Quae rēs, ut pūtō, nūllō modō toleranda est! Omnēs enim hominēs nātī sunt ad discendum. Itaque magistrīs nōn sōlum līberī dīvitum aut prīmōrum īnstituendī sunt, sed omnēs pariter[1], nōbilēs et īgnōbilēs[2], dīvitēs et pauperēs, puerī et puellae per omnēs urbēs. Omnibus enim, quī hominēs nātī sunt, hoc studendum est, ut rē vērā hominēs sint.

Itaque prīmō līberī magistrīs trādendī sunt, ut artem scrībendī discant. Deinde autem eōrum vīrēs animī studiīs līberālibus[3] ita augendae sunt, ut ad vītam praesentem[4] agendam īnstituantur et ad vītam futūram bene parentur.

Deus enim hominēs nōn in nōbiles et īgnōbilēs, dīvites et pauperēs dīvidit; apud Deum omnēs hominēs aliquandō pariter iūdicābuntur[5]. Nōs ergō, sī tantum quōsdam ad studia līberālia discenda admittimus[6], nōn sōlum iniūriam facimus in illōs, sed etiam in Deum ipsum, quī ab omnibus, quibus imāginem suam imposuit, cōgnōscī, amārī, laudārī vult. Quod eō ācrius fiet, quō māior lūx cōgnitiōnis[7] fuerit accēnsa. Nam tantum amāmus, quantum cōgnōscimus.

Comenius-Denkmal vor der Friedrichskirche in Potsdam, Bronzeplastik von Igor Kitzberger, 1995

[1] **pariter** (Adv.) in gleicher Weise

[2] **īgnōbilis, īgnōbile** nicht adlig

[3] **studia līberālia** Wissenschaften, die einem freien Menschen angemessen sind

[4] **praesēns, praesentis** gegenwärtig

[5] **iūdicāre** (als Richter) beurteilen

[6] **admittere, admittō** zulassen

[7] **cōgnitiō, cōgnitiōnis** f. die Erkenntnis

Methodenkompetenz (20): Vorerschließung von Texten

1. Der „Orbis sensuālium pictus“ („Die sichtbare Welt“) ist eines der berühmtesten Lehrbücher der lateinischen Sprache und wurde von Johann Amos Comenius verfasst. Es erschien im Jahr 1658 in einer deutschen Ausgabe und wurde insgesamt in fast 20 Sprachen übersetzt. Mehr als 200 Jahre war es in ganz Europa ein weit verbreitetes Schulbuch.

   Auf mehr als 300 Seiten hat Comenius in diesem Buch alle wichtigen Bereiche des damaligen Lebens auf Latein dargestellt, von der Beschreibung des Himmels und der Erde bis hin zu konkreten Berufen. Mit seiner Konzeption war der „Orbis pictus“ ein Bildlexikon und damit wohl das erste multimediale Unterrichtsmittel: Der Inhalt eines jeden Kapitels wird zunächst in einem Bild veranschaulicht. Darunter finden sich drei Spalten: Links der lateinische Text, in der Mitte die deutsche Übersetzung, rechts die lateinischen Vokabeln.

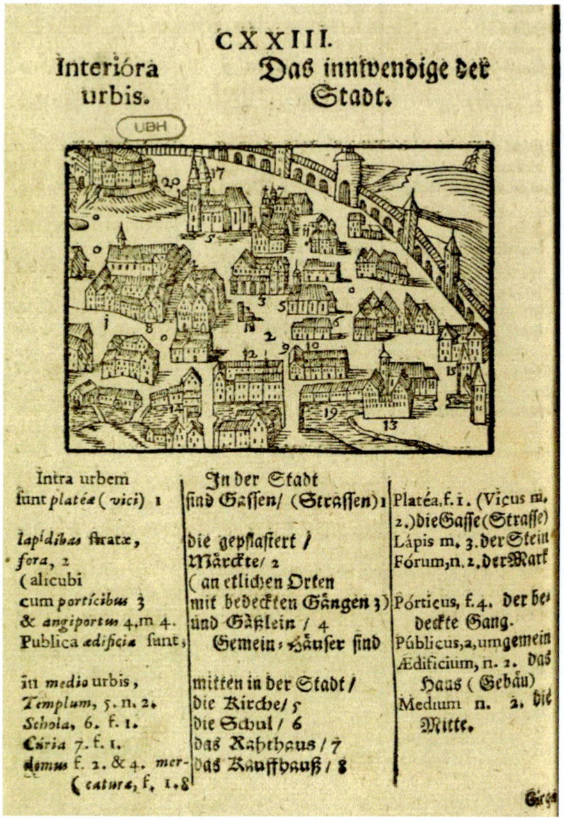

CXXIII.

Interióra urbis. — Das innwendige der Stadt.

Intra urbem sunt platéæ (vici) 1	In der Stadt sind Gassen/ (Strassen) 1	Platéa, f. 1. (Vicus m. 2.) die Gasse (Strasse)
lapidibus stratæ,	die gepflastert /	Lápis m. 3. der Stein
fora, 2	Märckte/ 2	Fórum, n. 2. der Markt
(alicubi cum portícibus 3	(an etlichen Orten mit bedeckten Gängen 3)	Pórticus, f. 4. der bedeckte Gang.
& angiportus 4, m 4.	und Gäßlein / 4	
Publica ædificia sunt,	Gemein-Häuser sind	Públicus, a, um gemein; Ædificium, n. 2. das Haus (Gebäu)
in medio urbis,	mitten in der Stadt /	Medium n. 2. die Mitte.
Templum, 5. n. 2.	die Kirche/ 5	
Schola, 6. f. 1.	die Schul / 6	
Cúria 7. f. 1.	das Rahthaus / 7	
domus f. 2. & 4. mercaturæ, f. 1. 8	das Kauffhauß / 8	

Aus dem Orbis sensuālium pictus, Kapitel 123: „Das Innwendige der Stadt“

2. Die Konzeption des Comenius macht sehr deutlich: Eine Übersetzung gelingt nur, wenn du eine konkrete Vorstellung von der Aussage des lateinischen Textes hast und wenn du alle Vokabeln kennst bzw. deren Formen erkennst.

   In den einzelnen Lektionen des AGITE sind dir immer wieder Übungen angeboten worden, in denen du die Erschließung eines Textes **vor** der Übersetzung anwenden konntest. Hier sind noch einmal einige allgemeine Schritte zusammengefasst:

   - Überlege dir, was die Überschrift des Textes bedeutet und zu welchem Thema die Einleitung hinführt. Formuliere eine Vermutung, worum es in diesem Text gehen könnte.
   - Lies den Text bzw. seine Abschnitte zuerst auf Lateinisch in Ruhe durch und halte fest, was du schon verstanden hast. Überprüfe dabei, ob die Erwartungen, die du mit der Überschrift verbunden hast, bestätigt werden.
   - Achte auf Konnektoren, die die logische Verknüpfung der einzelnen Aussagen anzeigen.
   - Gib nicht gleich auf, wenn du unbekannte Vokabeln entdeckst, sondern versuche, ihre Bedeutung innerhalb des Kontextes, den du schon verstanden hast, zu erschließen. Hier kann dir die Wortbildung, die Wortfamilie oder ein deutsches Fremdwort helfen.

Übung

- Führe die Textvorerschließung am Text der Plateaulektion (S. 67) durch. Gehe dabei nach folgenden Arbeitsschritten vor.

1. Lies die Überschrift und die Einleitung in Ruhe durch und überlege, welche Forderung von Comenius in diesem Text erhoben wird.

2. Lies den ersten Absatz (Z. 1–7) in Ruhe auf Lateinisch durch.

2.1 Die Überschrift lautet: „Alle Menschen haben ein Recht auf *Bildung*“ – Sammle aus dem ersten Absatz alle Wörter und Wendungen, die zum Sachfeld „Bildung/Erziehung“ gehören.

2.2 Die Überschrift lautet: „*Alle Menschen* haben ein Recht auf Bildung“ – Stelle aus dem ersten Absatz alle Wendungen zusammen, in denen das Adjektiv „omnis“ (mit Bezugswort) vorkommt. Stelle entsprechend die Adjektive und Substantive zusammen, die im ersten Abschnitt diesen Wendungen gegenübergestellt werden.

2.3 Übersetze jetzt den ersten Abschnitt.

3. Lies den zweiten Absatz (Z. 8–11) in Ruhe auf Lateinisch durch. Er enthält deutliche Gliederungsmerkmale.

3.1 Suche die Zeitangaben heraus und nenne zu ihnen jeweils die wichtigste Aussage.

3.2 Erkläre, welches Sinnverhältnis durch die Konnektoren „ita ... ut“ bestimmt wird.

3.3 Erkläre, durch welche inhaltliche Zweiteilung der ut-Satz in sich noch einmal gegliedert ist.

3.3 Übersetze jetzt den zweiten Abschnitt.

4. Lies den dritten Absatz (Z. 12–22) in Ruhe auf Lateinisch durch.

4.1 Der dritte Absatz beginnt mit einer Begründung (Deus enim ...). Überlege, an welche Formulierung oder an welche Aussage des vorherigen Absatzes diese Begründung anknüpft.

4.2 Die Begründung bzw. Argumentation im dritten Absatz erfolgt jetzt auf einer anderen Ebene als in den ersten beiden Absätzen. Welches Substantiv dominiert diesen dritten Absatz?

4.3 Mit „ergō“ wird im zweiten Satz eine Schlussfolgerung eingeleitet. Erstelle von diesem Satz eine Satzanalyse nach der Einrückmethode.

4.4 Am Schluss des dritten Absatzes werden zwei Verben häufig verwendet. Suche alle Formen heraus und bestimme sie.

4.4 Übersetze jetzt den dritten Abschnitt und erkläre, wie Comenius das Recht aller Menschen auf Bildung begründet.

Aufbruch in ferne Länder und zu anderen Kulturen

Der Mont Ventoux

Kampf zwischen berittenen Mongolenkriegern, persische Miniatur aus dem 14. Jahrhundert (Berlin, Staatsbibliothek)

Die letzte Sequenz des Lehrwerks „Agite" beinhaltet lateinische Texte aus dem 13. –16. Jahrhundert. In ihnen kommt eine neue Zeit zum Ausdruck, die geprägt war von neuen Fragen und Sichtweisen der Menschen, vom Aufbruch einzelner Menschen von Europa in ferne Länder, von Begegnungen mit Menschen in Asien und Amerika.

Der Brief des Humanisten Francesco Petrarca, der aus dem Jahr 1336 datiert, gilt als Schlüsselzeugnis für den Übergang vom Mittelalter zur Neuzeit. Petrarcas Besteigung des Mont Ventoux in der Provence bezeugt nach Ansicht des Philosophen Hans Blumenberg „die Anfänge eines neuen Natur- und Weltbewusstseins".

Von den fremden Völkern, mit denen die Menschen in Europa in Berührung kamen, haben besonders die mongolischen Reiterscharen unter ihrem Anführer Dschingis Khan einen großen Eindruck hinterlassen. Ihr Vordringen nach Mitteleuropa versetze die Menschen in Angst und Schrecken. Es veranlasste Papst Innozenz IV., Dominikaner- und Franziskanermönche in den Fernen Osten zu entsenden, um sich ein Bild von den Mongolen zu machen. Die Augenzeugenberichte, die jene Mönche nach ihren mehrjährigen Aufenthalten in Ostasien verfassten, geben als ethnografische Quellen Auskunft über das Alltagsleben und die Speisegewohnheiten, über die Religionsformen und die Rituale, bieten allerdings auch manche fantastische Geschichte, die eher in den Bereich der Mirabilienliteratur gehört.

Der Khan verleiht kostbare Gürtel als Auszeichnungen, persische Miniatur aus dem 14. Jahrhundert (Berlin, Staatsbibliothek)

- Beschreibe die beiden Abbildungen von den Mongolen und versuche sie mithilfe weiterer Informationen zu erklären.
- Informiere dich über die Begriffe Ethnologie und Ethnografie.
- Informiere dich über den Begriff Mirabilienliteratur und ziehe Vergleiche mit ähnlichen Geschichten, die du in früheren Lektionen gelesen hast.

Eine grundlegende Veränderung der Welt bedeuteten die „Entdeckung Amerikas" durch Kolumbus 1492, die Eroberung des Aztekenreiches durch Cortes 1516 und die Eroberung des Inkareiches durch Pizarro 1532. Damit verbunden waren zum einen die Ausbreitung der Kultur Europas sowie der spanischen und portugiesischen Sprachen – davon zeugt auch die Bezeichnung Lateinamerika –, zum anderen aber auch die Auslöschung jahrhundertealter Hochkulturen in Mittel- und Südamerika. Die Ureinwohner empfingen die Seefahrer aus Europa zunächst freundlich, wurden dann aber von ihnen besiegt, unterdrückt, ihrer Schätze beraubt und zur Annahme des Christentums gezwungen. Die Unabhängigkeit erlangten die Staaten Südamerikas erst im Jahre 1824.
Mit Aspekten der Eroberung in zeitgenössischen Texten beschäftigen sich die letzten Lektionen dieses Lehrwerks, die auch zu kritischer Reflexion anregen können.

Diego Rivera, Die Ankunft des Hernan Cortez in Veracruz. Fresko, ca. 1935 (Mexiko Stadt, Nationalpalast, der Sitz der mexikanischen Regierung ist)

- Beschreibe das Fresko und erläutere, wie Diego Rivera die Ankunft von Cortes in Mexiko und die Kolonialzeit der Spanier sieht.

Lektion 57

Eine neue Zeit bricht an – Petrarca und die Besteigung des Mont Ventoux

Andrea del Castagno, Francesco Petrarca, Fresko aus dem Jahr 1450 (Florenz, Uffizien)

Francesco Petrarca war ein italienischer Dichter und Geschichtsschreiber. Am 20. Juli 1304 in Arezzo (in der Toskana) geboren, lebte er in seiner Kindheit in Florenz und danach in Avignon, wo er Jura studierte. Im Jahre 1341 wurde er auf dem Kapitol in Rom als Dichter ausgezeichnet. Am 19. Juli 1374 ist er in Arquà bei Padua gestorben. Petrarca lebte in der Zeit des Übergangs vom Mittelalter zur Renaissance und war mit Dante Alighieri und Giovanni Boccaccio ein bedeutender Vertreter des italienischen Humanismus.

Ein besonderes Zeugnis für den Beginn des neuen Denkens ist Petrarcas Brief an den Augustinermönch Dionigi von Borgo San Sepolcro, in dem er berichtet, wie er zusammen mit seinem Bruder Gherardo den 1912 Meter hohen Mont Ventoux in der Provence, nicht weit von Avignon, bestiegen habe.

Vor der Zeit Petrarcas glaubten die Menschen, dass eine Bergbesteigung ein sehr großes Wagnis, sogar eine Grenzüberschreitung sei, die den Menschen nicht zustehe. Und so gilt Petrarca als der Mann, der das Bergsteigen entdeckte. Seine Unternehmung wird als der Anfang einer neuen, sinnhaften Naturerfahrung gesehen. Der Brief ist ein Zeugnis für den Übergang vom Mittelalter in das neue Denken der Renaissance. Dabei ging es Petrarca nicht nur um das Erlebnis des Bergsteigens. Im Verlaufe des Weges vergleicht er die Besteigung des Berges mit dem menschlichen Lebensweg.

G

Das Partizip Futur Aktiv als Participium coniunctum und Prädikatsnomen

In einer Klage über die Zustände in der Schule zur Zeit Melanchthons hieß es:
Parentēs līberōs magistrō trādidērunt, quia spērāvērunt eum līberōs optimē īnstrūctūrum esse.
Magister parāvit discipulōs īnstruere. Magister discipulōs īnstrūctūrus erat, sed nōnnūllī puerī eum exercēbant.
Magister opera scrīptōrum antīquōrum recitātūrus erat. Puerī autem in lūdum sē cōntulerant nōn opera antīqua recitātūrī, sed īram magistrī excitātūrī.

Erste Übungen

1 Bilde von den folgenden Verben die drei Partizipien nach folgendem Beispiel:

S • T • K • M
Partizipformen beherrschen

excitāre: excitāns, excitātus, excitātūrus
monēre – trādere – ascendere – facere – quaerere – cōgitāre

2 Übersetze:

S • T • K • M
Funktionen des PFA im Kontext erkennen

a) Plinius dīxit: „Līberī in patriā ā magistrō īnstituendī sunt.
b) Suadeō līberōs, quī patriam relictūrī sunt, minōre sumptū domī īnstituī.
c) Ā cīvibus pecūnia cōnferenda est, ut magistrī condūcantur.
d) Prōmittō mē vōbis affutūrum esse: Prō cīvitāte tertiam partem pecūniae datūrus sum.
e) Tum iī līberī, quī alienīs locīs studiīs sē datūrī sunt, in cīvitāte nostrā manēbunt."

W

Petrarca schreibt in einem Brief unter anderem:
Iam multōs annōs cupiditās montem *īnsīgnem* ascendendī in animō meō fuit; nam ā puerō hīs locīs vīxī. Cum cōnsilium montis ascendendī cēpissem, domō discessī et per *vallēs* iter fēcī. Quia via *angusta* erat, iter *commodum* quaesīvī. Postquam *summum in montem* pervēnī, fessus cōnsēdī et *quiēvī*.

L Ist der Aufstieg auf den Berggipfel wie das Streben nach der vita beata?

Der Mont Ventoux

In einem Brief erzählt Francesco Petrarca über seine Besteigung des Mont Ventoux. Darin nennt er nicht nur den Grund für die Bergbesteigung; er berichtet auch, welche Gedanken ihm dabei in den Sinn kamen und welche Bedeutung der Aufstieg für sein Leben hatte:

Hodiē altissimum montem huius regiōnis ascendī cupiditāte adductus videndī īnsīgnem altitūdinem. Iam multōs annōs cupiditās huius itineris faciendī in animō meō fuerat. Ā puerō enim hīs locīs vīxī.

Tandem mē cēpit cupiditās facere, quod cottīdiē[1] factūrus eram. Diē cōnstitūtā domō discessī montem ascensūrus. Iter autem difficillimum erat, nam haec loca asperrima sunt.

In itinere pāstōrem veterem invēnī, quī mē multīs verbīs retinēre voluit dīcēns sē iuvenem ante multōs annōs summum montem ascendisse nihilque inde retulisse praeter labōrem. Tamen cupiditās mea montis ascendendī crēvit.

Cum per vallēs errārem iter commodum quaesītūrus, mēcum cogitāvī: „Quod tibi hodiē in hōc monte ascendendō accīdit, id et tibi et multīs hominibus vītam beātam petentibus accidet: Etiam vīta beāta altissimō locō sita est; ad illam dūcit via angusta. Multī collēs intersunt et ad virtūtem maximō labōre eundum est.“ Haec in monte ascendendō cogitāns iter perrēxī.

Postquam tandem summum in montem pervēnī, fessus consēdī quiētūrus. Ibi ita commōtus sum, ut dē vītā meā cogitārem. Illud mihi in mentem vēnit: „Sī aliquis tantum labōris suscēpit, ut corpus caelō paulum propius esset, nihil terrēbit animum eius, quī Deō appropinquātūrus est.“

Haec in pectore movēns dē monte dēscendī et domum rediī.

[1] **cottidiē** täglich

Übungen

1 Gliedere den Text nach den einzelnen Stationen des Aufstiegs und gib den Abschnitten eine kurze Überschrift.

S • **T** • K • M
Textaussagen reflektieren

2 Erkläre, was Petrarca zum Ausdruck bringen will, wenn er den Aufstieg auf den Berg mit dem Weg zur vita beata vergleicht (Z. 12–15).

3 Erläutere den Gedanken, der Petrarca während des Ausruhens auf dem Gipfel in den Sinn gekommen ist (Z. 19 f.).

4 Bilde von folgenden Verben die drei möglichen Partizipien:

spectāre – ferre – movēre – interrogāre – recipere – expellere – dēfendere – cōnfirmāre

S • T • K • M
Partizipformen beherrschen

5 Kooperativ üben – PPP oder PFA? Bildet Zweier-Teams: Setzt die passenden Endungen ein und übersetzt die Sätze.

a) Petrarca cupiditāte adduct ? montem altissimum ascendit.
b) Petrarca summum montem aspect ? iter fēcit.
c) Petrarca summō in monte valdē commōt ? dē vītā suā cōgitāvit.
d) Petrarca regiōnem pulchram spectāt ? summō in monte consēdit.

6 Aus zwei mach eins. Bilde aus voluit plus Infinitiv des zweiten Satzes das Partizip Futur Aktiv, das sich in KNG auf das Subjekt des ersten Satzes bezieht. Übersetze dann den neuen Satz.

Beispiel: Petrarca domō discessit. Montem ascendere voluit.
neu: Petrarca montem ascensūrus domō discessit.

a) Petrarca montem ascendit. Summum montem vidēre voluit.
b) Pastor eum monuit. Ab itinere prohibēre voluit.
c) Petrarca summō in monte consēdit. Dē vītā suā cogitāre voluit.
d) Petrarca in monte dēscendendō saepe sē vertēbat. Summum montem iterum atque iterum aspicere voluit.

S • **T** • K • M
PFA im Kontext beherrschen und wiedergeben

7 Substantive auf –tūdo bezeichnen eine Eigenschaft, z. B. altus – altitūdo. Leite das Substantiv von folgenden Adjektiven ab und übersetze:

fortis – māgnus – necesse – pulcher – sōlus – longus – aeger

S • T • K • **M**
Wortbildungslehre für unbekannte Wörter nutzen

8 Führe die folgenden Fremdörter auf die lateinische Grundform zurück und nenne ihre heutige Bedeutung.

Abitur, Dozentur, Professur, Klausur, Inventur, Junktur, Manufaktur, Zäsur

S • T • **K** • M
Fremdwörter erkennen und erklären

Lektion 58

Johannes de Plano Carpinis Reisebericht über die Mongolen

Darstellung des Dschingis Khan in der chinesischen Malerei (14. Jh.)

Zu Beginn des 13. Jahrhunderts wurde Europa durch eine Invasion in Angst und Schrecken versetzt: Mongolische Reiterhorden unter der Führung ihres Stammesfürsten Dschingis Khan hatten zunächst weite Teile Chinas und Südsibirien erobert. Dann wandten sie sich nach Westen, eroberten im Dezember 1240 die Stadt Kiew und drangen weiter bis nach Ungarn, Polen und Schlesien vor. Berichte von der unerbittlichen Grausamkeit der Mongolen und von ihren schrecklichen Verwüstungen verbreiteten sich in ganz Europa. Mit dem Ende des Jahres 1241 aber verschwanden die Eindringlinge plötzlich genauso schnell und unerwartet wie sie gekommen waren. Doch der Schock saß tief: Wer waren diese Fremden? Woher waren sie gekommen und wohin wieder abgezogen? Würden sie zurückkehren? Diese Fragen beunruhigten damals viele Menschen in Europa.

Aus den Schlachten in Mähren, Polen und Ungarn waren nur wenige Augenzeugen mit dem Leben davon gekommen. Umso nebulöser war daher das Bild, das sich die Bevölkerung in Europa von den grausamen, schier unbesiegbaren Barbaren aus dem fernen Osten machte. In dieser Situation ergriff Papst Innozenz IV. die Initiative. Dem gebildeten Papst war klar, dass man nur durch gesicherte Kenntnisse gegen einen möglichen Angriff in der Zukunft gewappnet sein würde. Er sandte daher im Jahr 1245 den Franziskanermönch Johannes de Plano Carpini (um 1185–1252), der ein Schüler und Gefährte des Franz von Assisi war, zu den Mongolen in die Ukraine, um diplomatische Verbindungen mit ihren Stammesführern aufzunehmen.

Reiterstandbild des Dschingis Khan in der Inneren Mongolei, China

Von seiner Reise, die ihn von Lyon über Kiew bis an den Ural führte, brachte Johannes den ersten umfassenden Reisebericht über das Herrschaftsgebiet, die Lebensbedingungen, Sitten und militärischen Leistungen der Mongolen nach Europa. Diese Art von Texten, sogenannte Ethnografien, sind auch aus der Antike bekannt. Von Caesar und Tacitus liegen uns z. B. noch heute vergleichbare Berichte über die Germanen vor. Obwohl Johannes um eine neutrale, kritische Berichterstattung bemüht war, findet sich in den Berichten doch einiges Fantastisches.

G

W

Deponentien

1. Petrarca nārrat: Pāstor, quem in itinere convēnī, *loquitur* (dīcit): „Ego iuvenis hunc montem ascendī."
2. Pāstor mē *hortābātur* (monēbat): „Nihil praeter labōrem referēs. *Morāre* (Manē) apud mē!"
3. Cum pāstor mē *hortātus esset* (monuisset), tamen in summum montem *profectus sum* (iter fēcī).
4. Postquam summum in montem pervēnī, ibi aliquid temporis *morārī* (manēre) mihi placuit.
5. Ibi mē ipsum *hortātus sum* (monuī): „Deum semper *verēre* (cole)! Eō modō vītam beātam *consequēris* (tibi pariēs)."

Erste Übungen

S • T • K • M
Konjugationen beherrschen

1 Ordne die Formen von timēre den entsprechenden Formen von verērī zu:

verētur – veritī sunt – verēbantur – verēbor – verērentur – nē veritī sītis!
timērent – timēbō – nē timueritis! – timuērunt – timēbant – timet

Ordne die Formen von dicere den entsprechenden Formen von loqui zu:

loquitur – loquuntur – locūtae sunt – loquerentur – loquēbar – loquere
dīc – dīcerent – dīcit – dīcunt –dīcēbam – dīxērunt

2 Bilde die entsprechende Form des bedeutungsähnlichen Wortes in Klammern:

monērēs (hortārī) – dīxerāmus (loquī) – iter facite (proficīscī) – cole! (verērī) – maneō (morārī) – monuisse (hortārī) – iter fēcērunt (proficīscī)

3 Aktiv oder Passiv? Welche der folgenden Formen muss man mit einer aktiven, welche mit einer passiven Form übersetzen?

volvor – verēris – trahī – vinciminī – cōnsecutī sumus – proficīscēre – commōtus es – hortārī – locūtī essent – morātur

L Monströse Frauen und tierische Männer

Auf seiner Reise sammelt Johannes de Plano Carpini nicht nur Informationen über die Taten und Gepflogenheiten der Mongolen, sondern hört auch einige kuriose Geschichten über andere entlegene Völker. Von einer sagenhaften Niederlage der Mongolen während eines ihrer Feldzüge erzählt folgende Passage seines Reiseberichts.

Mīlitēs Mongālōrum, cum aliquandō ad bellum proficīscerentur, in regiōnem quandam pervēnērunt, in quā quaedam mōnstra[1], quae fōrmās fēminārum habuērunt, vīvēbant. Quās Mongālī, quia mīrābantur sē multās mulierēs, sed nē ūnum quidem virum convenīre, adiērunt. Mongālīs per interpretēs[2] interrogantibus, ubi virī illīus regiōnis versārentur, fēminae haec ferē locūtae sunt: „Quaecumque fēmina hāc in regiōne nāscitur, fōrmam hūmānam habet; omnēs autem virī fōrmas canum habent. Hī ūnum in locum patriam dēfēnsūrī sē recēpērunt."

Cum Mongālī hāc regiōne potīrī vellent, canēs eīs hōc modō restitērunt: Cum hiems asperrima esset, prīmō in aliquod flūmen dēsiluērunt, deinde in arēnā sē volvērunt, ut aqua cum arēnā congelarētur[3]. Id iterum atque iterum repetēbant, dum corpora glaciē[4] durā circumdarentur. Hāc glaciē tēctī canēs Mongālōs aggressī sunt.

Dux Mongālōrum, ubi prīmum canēs vīdit, cōpiās hortātus est: „Nē veritī sītis! Arceāmus impetum istōrum mōnstrōrum[1]!" At cum Mongālī tēla in canēs iactārent, ea ā corporibus canum – tamquam ā saxīs – resiliēbant[5]. Tum canēs Mongālōs aggrediuntur, cōnsequuntur, morsibus[6] laedunt, ē finibus suīs expellunt.

Plūrimī autem mīlitēs Mongālōrum in eā pugnā mortuī esse dīcuntur. Hās rēs vērās esse ā testibus, quī diū apud Mongālōs morātī sunt, cōnfīrmātum est.

1 **mōnstrum, ī n.** das Ungeheuer

2 **interpres, interpretis m.** der Dolmetscher

3 **congelārī, congelor, congelātus sum** völlig gefrieren, verhärten

4 **glaciēs, glaciēī f.** das Eis

5 **resilīre, resiliō** abprallen

6 **morsus, morsūs m.** der Biss

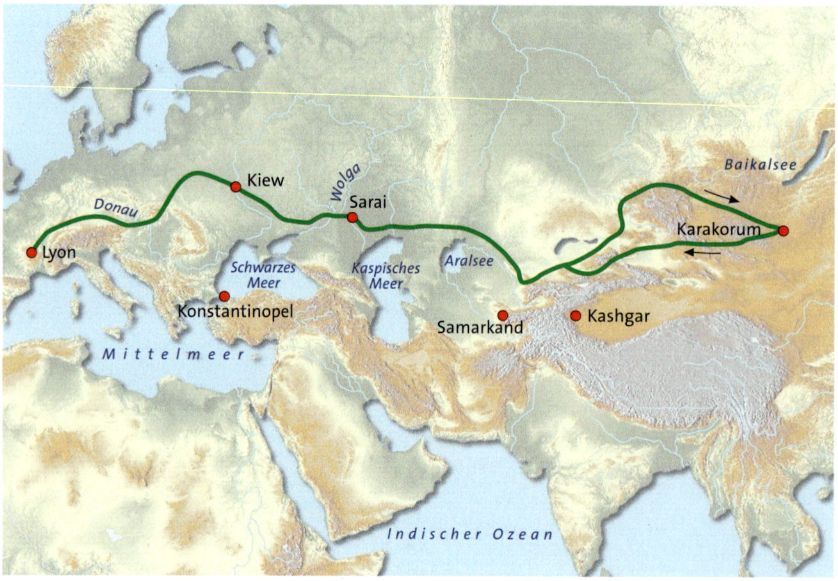

Der Reiseweg des Johannes de Plano Carpini

Übungen

1 Gliedere die Sätze der Zeilen 1–8 nach der Einrückmethode (vgl. S. 29 – Methodenkompetenz 17) und gib dann den Handlungsverlauf des ersten Abschnittes in seinen Grundzügen wieder.

S • T • K • M
Text strukturieren und Aussage ermitteln

2 Suche im Lektionstext nach Hinweisen, aus denen deutlich wird, dass Johannes diesem Bericht der Mongolen skeptisch gegenübersteht.

S • T • K • M
Textaussagen reflektieren

3 Sei aktiv, bilde das Passiv – Lege eine entsprechende Tabelle an und ergänze die jeweils fehlenden Verbformen:

S • T • K • M
Konjugationen beherrschen

hortārī	verērī	potīrī	loquī
hortātur			
	verēbantur		
		potiēmur	
			loquere
hortātus sum			
	veritī erant		

4 Läuft das alles auf's Gleiche raus? Bestimme die folgenden Formen und übersetze sie:

S • T • K • M
Flektierte Formen unterscheiden

a) RE: morā-, corpo-, movē-, gene-, verē-, vete-

b) RIS: potī-, clāmō-, lībe-, tēxe-, mīrārē-, mī-

5 Die Karte auf S. 78 zeigt die Reiseroute des Johannes de Plano Carpini. Ermittle mithilfe einer modernen Karte, durch welche Länder er reiste.

S • T • K • M
Informationen beschaffen und auswerten

6 In dem Bericht des Johannes werden die Mongolen auch als Tartaren bezeichnet. Johannes gibt dafür folgende Begründung:

„Ipsī autem sē ipsōs Tartarōs appellābant, ā quōdam flūmine, quod currit per terram eōrum, quod Tartar nominātur."

a) Übersetze und erläutere dieses Zitat.
b) In Europa wurde der Begriff „Tartaren" fälschlicherweise auf das lateinische Wort „Tartarus" zurückgeführt. Überlege mithilfe des Informationstextes S. 76, wie es zu dieser Deutung kommen konnte.

Lektion 59

Die Entdeckung der „Neuen Welt“

Darstellung des Christoph Kolumbus durch den Maler Sebastiano del Piombo (1485–1547)

Am 3. August 1492 stach der italienische Seefahrer Christoph Kolumbus (ca. 1451–1506) in See, um den Seeweg nach Indien zu finden. Als er nach der Fahrt über den Ozean am 12. Oktober Land sichtete, hatte er jedoch nicht – wie er meinte – den asiatischen Kontinent erreicht, sondern einen neuen Kontinent entdeckt: Amerika. Auf dieses Missverständnis des Kolumbus geht die Bezeichnung „Indianer“ für die amerikanischen Ureinwohner zurück.

Unterstützt wurde Kolumbus von dem spanischen Königspaar Fernando und Isabella, die sich von der Expedition materielle Gewinne und eine Verbreitung des christlichen Glaubens in der Welt versprachen. Grundlage der Expedition war die Überzeugung, dass die Erdkugel zur See umrundet werden könne. Bereits im 6. Jahrhundert v. Chr. hatten Schüler des vorsokratischen Philosophen Pythagoras die Vorstellung von der Kugelgestalt der Erde geäußert, und auch zur Zeit des Kolumbus war sie weit verbreitet. Mit seiner Idee, dass Indien auf dem Seeweg erreicht werden könne, stand Kolumbus also keineswegs allein da. Über seine Reise führte Kolumbus ein Tagebuch, von dem Abschriften erhalten sind. Bedeutend ist außerdem der lateinisch abgefasste Bericht des venezianischen Humanisten und Kardinals Pietro Bembo (1470–1547), der in seinem Werk über die Geschichte Venedigs auch über die Entdeckung der neuen Welt berichtet.

Die Bewohner des amerikanischen Kontinents hatten unter den Folgen der Eroberungen durch die Europäer, die nun die neuen Herren der entdeckten Gebiete waren, schwer zu leiden. So hat auch schon Kolumbus, obwohl er von dem spanischen Königspaar den Auftrag erhalten hatte, die „Indianer“ als zukünftige Christen gut zu behandeln, einige der Ureinwohner zu Sklaven gemacht und nach Spanien gebracht. Daher werden die Entdeckungen des Kolumbus heute einerseits als große Leistungen gewürdigt, aber auch kritisch beurteilt.

Semideponentien

Mongālī quōsdam virōs fōrmam canum habēre trādunt. Nōn omnēs hīs verbīs *cōnfīdunt/cōnfīsī sunt.*
Mongālī nārrant: „Illī canēs cōpiās nostrās aggredī *audent/ausī sunt.*“
Itaque Mongālī māgnā clāde acceptā domum *revertuntur/revertērunt.* Canēs autem victōriā *gaudent/gāvīsī sunt.*

Erste Übungen

1 Ordne die folgenden Formen nach den Zeiten des Präsens- und des Perfektstammes. Übersetze dann.

S • T • K • M
Konjugationen beherrschen

audet – ausus est – ausī erant – cōnfīsī sunt – cōnfīdunt – cōnfīdit – revertit – revertitur – revertī (2) – gāvīsī sumus – gāvīsus erās – gaudēbās

2 Bilde die Formenreihen:

audent
→ Imperfekt → Singular → Perfekt → Plusquamperfekt → 1. Person → Konjunktiv

cōnfīsī sumus
→ Singular → Futur II → 2. Person → Präsens → Futur I → 1. Person

revertitur
→ Perfekt → Plural → Plusquamperfekt → 2. Person → Imperfekt → Singular

Kolumbus landet am 12.10.1492 auf der Insel Guanahani (San Salvador). Holzschnitt aus der lateinischen Fassung des Kolumbusberichtes 1493

L Die ersten großen Entdeckungen des Kolumbus

Der Humanist und Kardinal Pietro Bembo (1470–1547) berichtet, dass Kolumbus den spanischen König um Unterstützung für eine große Expedition gebeten hatte, um den kürzesten Weg von Europa nach Ostasien zu finden. Anfangs war der Herrscher skeptisch, doch mit einer engagierten Rede stimmte Kolumbus ihn schließlich um und konnte 1492 in See stechen:

Hāc ōrātiōne Columbus ā rēge petīvit, ut sibī liceat eius opibus novās īnsulās, nova litora quaerere. Nam cōnfīsus est fortūnam sibī nōn dēfutūram esse. Quia etiam rēx Columbō cōnfīsus est, cōnsilium eius tandem probāvit.

Quā rē Columbus valdē gāvīsus est. Paulō post tribus cum navibus ad īnsulās Fortūnātās, quae Canāriae appellantur, profectus est. Postquam ad eās īnsulās pervēnit, trīgintā trēs diēs occidentem sōlem sequī ausus est. Dēnique sex adhuc īgnōtās īnsulās repperit, quārum duae ingentis māgnitūdinis erant.

Quibus in īnsulīs nūdī hominēs mōribus placidīs habitant. Lintribus[1] ex unō līgnō[2] factīs ūtuntur. Animālium quadrupedum[3] pauca genera habent; sunt etiam canēs parvī, quī nōn lātrant[4]. Avium vērō plūrima genera sunt: et grandiōra et minōra nostrīs avibus sunt. Vellera[5] suā sponte nāscentia ex montibus colligere solent. Ferrum nōn habent. Aurum in flūminum arēnīs legunt, eōque prō ōrnāmentō[6] ūtuntur. Pecūniam nesciunt.

Columbus cum rēge ūnīus īnsulae amīcitiam foedusque iniit. Duodēquadrāgintā ex suīs comitibus apud illum relīquit, ut mōrēs et sermōnem gentis discerent, et pollicitus est sē brevī tempore reversūrum esse. Decem ex incolīs sēcum dūxit, cum in Hispāniam reverterētur. Hoc fuit initium illōrum itinerum, quae ad novās orbis terrārum ōrās facta sunt. Proximō annō, ut pollicitus erat, Columbus cum navibus septendecim ad eam īnsulam revertit.

1 **linter, lintris f.** der Kahn
2 **līgnum, ī n.** Holzstück
3 **quadrupēs, -pedis** vierfüßig
4 **lātrāre** bellen
5 **vellus, velleris n.** Wolle
6 **ōrnāmentum, ī n.** das Schmuckstück

Übungen

S • T • K • M
Wendungen zielsprachengerecht übersetzen

1 Die Entdecker finden für einige Dinge nur schwer die richtigen Worte. Erschließe, was mit diesen Ausdrücken gemeint ist:

... lintrēs ex ūnō līgnō factae (Z. 10 f.) – ... canēs parvī, quī nōn lātrant (Z. 12) – ... vellera suā sponte nāscentia (Z. 13)

2 Verschaffe dir einen Überblick über den Inhalt des Lesestücks, indem du die folgenden Aussagen über Kolumbus übersetzt:

S • **T** • K • M
Texte in zentralen Aussagen erfassen

Columbus ... ōrātiōnem habuit – auxilium ā rēge petīvit – auxiliō rēgis gāvīsus est – navigāre ausus est – sex adhuc īgnōtās īnsulās repperit – hominēs nūdōs vīdit – mōrēs incolārum observāvit – dē animālibus huius rēgiōnis narrāvit – in Hispāniam revertit – nōnnūllōs incolās sēcum dūxit

3 Setze die Verben in die entsprechende Zeit des Präsens- bzw. Perfektstamms (Präsens ↔ Perfekt, Imperfekt ↔ Plusquamperfekt, Futur I ↔ Futur II, Infinitiv Präsens ↔ Infinitiv Perfekt). Unterscheide dabei genau zwischen Deponentien und Semideponentien.

S • T • K • M
Konjugationen beherrschen

ausī sunt – revertī (2) – locūtus sum – gāvīsus sum – proficiscor – cōnfīdō – solēbant – versātus erō – gaudeāmus – cōnfīsī essent – aggrederētur – auderētis – soleant – revertantur

4 Bedeutungsähnliche Verben – Bilde die entsprechenden Formen ...

... von gaudēre zu: laetī sunt – laetus erō – laetus fuissem – rīdēmus – rīsistī – rīsisset
... von cōnfīdere zu: fidem habet – fidem habēbam – fidem habēbis – crēdidērunt – crēdātis – crēdidisse
... von revertī zu: redeunt – redīret – rediī – redis – rediērunt – redīsse

5 Achtung Verwechslungsgefahr! Suche die Formen heraus, die von einem Semideponens stammen können, und begründe deine Entscheidung.

S • T • K • M
Verwechselbare Formen unterscheiden

audācī – audāciam – audeam – audiam – audē – audī – audēte – audītī – audivistī – ausī – auxī – gaudētis – gaudiīs – gāvīsīs – sōle – soleam – sōlam – solēs – sōlēs – sōlī – solitī – soleō – sōlō

6 Im 18. Jahrhundert formulierte der deutsche Physiker und Schriftsteller Georg Christoph Lichtenberg den folgenden spöttischen Satz: „Der Amerikaner, der den Kolumbus zuerst entdeckte, machte eine böse Entdeckung." Diskutiert in der Klasse über diese Aussage.

S • T • **K** • M
Fremde und eigene Situationen reflektieren

7 Auf dem auf S. 80 abgebildeten Gemälde findet sich die folgende Inschrift:

S • T • **K** • **M**
Informationen beschaffen und auswerten

Haec est effigiēs Liguris mīranda Columbī, antipodum prīmus rate quī penetrāvit in orbem.
(„Dies ist das bewundernswerte Abbild des Kolumbus aus Ligurien, der als erster mit einem Schiff in die Welt der Antipoden vordrang.")

Informiere dich über die Bedeutung des Wortes „Antipode". Erkläre, wieso dieser Begriff gerade im Zusammenhang mit den Leistungen des Kolumbus von großer Bedeutung ist.

Lektion 60

Cortes und die Eroberung des Aztekenreiches

Wie viele spanische Jugendliche war auch Hermann Cortes (span.: Hernán Cortés, 1485–1547) beeindruckt von den Fahrten des Kolumbus, der 1492 Amerika entdeckt hatte. Cortes widmete sich zuerst dem Studium der Rechte und der lateinischen Sprache in Salamanca, fuhr dann aber 1504 nach Haiti (La Española) und war auf der Insel einige Jahre als Kolonist und Notar tätig. Von dort aus nahm er sieben Jahre später an der Eroberung Kubas teil. Diese Insel verließ er am 18. Februar 1519 und landete mit elf Schiffen und ca. 500 Spaniern im Herrschaftsgebiet der Azteken, in der Nähe der heutigen Stadt Veracruz in Mexiko. Schon bald entschloss sich Cortes zur Eroberung des Aztekenreiches, was ihm durch diplomatisches Geschick, durch die Nutzung der Spannungen unter den Aztekenfürsten und durch eine entschlossene Kriegsführung gelang.

Am 8. November 1519 wurde Cortes vom Aztekenherrscher Montezuma II. (lat.: Mutezūma) in Tenochtitlán, der Hauptstadt der Azteken friedlich empfangen. Dieser erkannte bald die Oberhoheit des spanischen Eroberers an. Nach dem Tod Montezumas 1520 eroberte Cortes gewaltsam das Reich der Azteken, vernichtete ihre Hochkultur und errichtete die Herrschaft der Spanier, wozu auch die Christianisierung der Indios gehörte.

Das Vorgehen der spanischen Eroberer wurde schon von den Zeitgenossen unterschiedlich beurteilt. Juan Ginés de Sepúlveda (1490–1573), ein Dominikaner und Humanist, gehörte zu denen, die es für richtig hielten, dass die Spanier das Land der Ureinwohner eroberten und die Indios versklavten.

Gegensätzlicher Ansicht war Bartolomé de Las Casas (1484–1566). Auch er war Mitglied des Dominikanerordens und hatte am Beginn der spanischen Konquista teilgenommen, unter anderem mit Cortes an der Expedition nach Kuba 1511. Doch seitdem Missionare des Dominikanerordens 1500 in der Neuen Welt gegen die ungerechte Behandlung der Ureinwohner durch die Spanier predigten, wandte sich auch Las Casas gegen die Unterwerfung der Ureinwohner, auch gegen die Zwangsbekehrungen und wurde zu einem entschiedenen Verteidiger der Menschenrechte der Indios. Auf der Grundlage des römischen Rechts und des Evangeliums argumentierend, nannte er die spanischen Eroberungen in der Neuen Welt ungerecht und rechtswidrig: Es verstoße gegen das Naturrecht und gegen das göttliche Recht, die Indios ihrer Freiheit sowie ihres Besitzes zu berauben und das Land und die Menschen an die spanischen Eroberer zu verteilen.

Cortes (in Begleitung der Dolmetscherin La Malinche) wird von Montezuma in dessen Palast in Tenochtitlán am 8. November 1519 empfangen. Unbekannter Tlaxcalan Künstler, 16. Jahrhundert (Berkeley, Universitätsbibliothek)

Deponentien: Partizipialkonstruktionen

G

Columbus ā rēge opēs petēns eī persuāsit, ut sibī licēret proficīscī. Rēx Columbō cōnfīdēns pecūniam dedit.
Opibus datīs Columbus ad īnsulās Fortūnātās nāvigāvit. Hic fortūnae cōnfīsus inde profectus est. In eō itinere occidentem sōlem secūtus sex īnsulās invēnit.

Erste Übungen

S • T • K • M
Partizipialkonstruktionen erkennen und wiedergeben

1 a) Schreibe aus dem G-Text die Partizipien und ihre Bezugswörter heraus.
b) Unterscheide bei der Übersetzung genau zwischen einem aktiven Verbum und einem (Semi-)Deponens. Erläutere, welches Genus verbi im Deutschen jeweils verwendet werden muss.

2 Nenne von den folgenden Verbformen zunächst den Infinitiv Präsens und übersetze danach die Ablativi absoluti durch einen temporalen Gliedsatz:

Columbō īnsulās īgnōtās reperiente – rēge Columbō cōnfīdente – īnsulīs īgnotīs repertīs – rēge Columbō cōnfīsō – Columbō in īnsulīs Fortūnātīs versante – Columbō in īnsulīs Fortūnātīs versātō – Columbō īnsulās Fortūnātās cōnspiciente – īnsulīs Fortūnātīs ā Columbō cōnspectīs

W

Mutezūmā vivente in Mexicō templa *frequentia* erant. In quibus imāginēs deōrum collocātae sunt, quās Mutezūma rēx et populus eius *venerābantur*. Cum deīs sacrificābant, pectoribus hominum *corda* ēripiēbant et deīs offerēbant. *Sanguine* cordium faciēs imāginum afficere solēbant. Cortēsius autem, cum ad Mexicum pervēnisset, Mutezūmam et populum eius deōs *venerārī passus* nōn *est*.

Tenochtitlán, Nachbildung des Tempelbezirks mit dem templum maximum (links)

Montezuma und Cortes – Begegnung zweier Kulturen

Der gelehrte spanische Humanist Juan Ginés de Sepúlveda stand in Diensten der spanischen Könige und befürwortete die spanischen Eroberungen in der Neuen Welt. In seiner 1563 verfassten Schrift Dē rēbus Hispānōrum gestīs ad novum orbem Mexicumque beschäftigt er sich auch mit den Opferbräuchen der Azteken und schildert die Begegnung zwischen dem Aztekenherrscher Montezuma II. und dem spanischen Konquistador Cortes im Jahre 1519. Sepúlveda hatte selbst nicht an den Fahrten der Seefahrer teilgenommen, sondern schrieb auf der Grundlage der Berichte der spanischen Eroberer.

Mexicum nūllā rē magis quam templīs frequentibus et praeclārīs ornābātur. Imāginēs deōrum, quōs barbarī venerābantur, ex omnium frūgum[1] sēminibus[2] et sanguine sacrificātōrum hominum cōnfectae sunt et altiōrēs fuērunt statuīs hūmānīs. Illīs barbarī saepe victimās[3] hūmānās sacrificābant: Quārum pectōribus exsectīs[4] corda ēripiēbant et deīs offerēbant. Tum faciēs imāginum sanguine cordium ungere[5] solēbant. Quārum imāginum erat māgnus numerus in templō maximō. Quod in templum ingressus Cortēsius iussit imāginēs eōrum, quī apud barbarōs in maximō honōre erant, dēlērī.

Deinde Cortēsius ad Mutezūmam profectus est. Hic deīs suīs cōnfīsus Cortēsium rogāre et ōrāre coepit, ut ille deōs barbarōrum verērētur: „Nē offenderis deīs nostrīs violandīs animōs cīvium! Ne verteris in tē odium eorum! Deī enim īrātī frūgēs[1] crēscere nōn sinent, sī cīvēs iniūriam eīs inferrī passī erint. Tum cīvitās fame perībit.“

Cortēsius autem eōs Deum Chrīstiānōrum āgnōscere[6] iussit et: „Nōbis“, inquit, „est ūnus Deus, quī venerandus est nōn sanguine victimārum[3] hūmānārum, sed virtūte et pietāte.“

Hīs verbīs audītīs Mutezūma: „Nōs“, inquit, „quī ōlim ex ultimīs fīnibus orbis terrārum in hās regiōnēs pervēnimus, fortāsse vērae religiōnis oblītī sumus. Ā vōbis īnstrūctī vestram cōnsuētūdinem Deum venerandī aemulābimur[7].“

[1] **frūgēs, frūgum f.** die Feldfrüchte
[2] **sēmen, sēminis n.** der Same
[3] **victima, ae f.** das Opfer
[4] **exsecāre, PPP: exsectus, a, um** heraus-, aufschneiden
[5] **ungere, ō** beschmieren
[6] **āgnōscere** anerkennen
[7] **aemulārī** nacheifern, übernehmen

Huitzilopochtli, der Schutzgott der Azteken, Figur aus Grüngestein, um 1500 (Paris, Musée de l'Homme)

Übungen

1 Erläutere den Opferritus der Azteken auf der Grundlage des Lesestücks (Z. 1–6).

S • T • K • M
Textaussagen reflektieren

2 Arbeite aus dem Lesestück heraus, welche Bedeutung die Götter für die Azteken hatten und was Montezuma von Cortes erwartet.

3 Vergleiche die Haltung von Montezuma und Cortes gegenüber der Religion des jeweils anderen und nimm Stellung dazu.

S • T • K • M
Offenheit gegenüber anderen Kulturen entwickeln

4 Schreibe aus dem Lesestück alle Passivformen heraus, bestimme sie und nenne den Infinitiv Präsens des Verbums.

S • T • K • M
Konjugationen beherrschen

5 Ersetze die folgenden Verbformen durch die bedeutungsgleichen Deponentien venerārī, verērī, loquī.

a) colunt, colēbam, coluērunt, colueram, colet
b) timet, timuit, timuissent, timēbō, timērēs
c) dīcō, dīcent, dīxit, dīxisse, dīcat

6 Nenne den Infinitiv Präsens zu den Partizipien und übersetze den Ausdruck durch einen temporalen Gliedsatz. Vorsicht beim Partizip Perfekt.

S • T • K • M
Flektierte Formen auf ihre Grundform zurückführen

Mongālīs fēminās videntibus – Mongālīs mīrantibus – Mongālīs mīrātīs – dūce hortante – dūce locūtō – verbīs ā dūce dictīs – canibus cōnsecūtīs – Mongālīs expulsīs – canibus dēfendentibus – canibus aggressīs – tēlīs in canēs iactātīs – Mongālīs tēla iacentibus

7 Bartolomé de Las Casas kritisiert in seinem Werk „Dē rēgiā potestāte“ die Inbesitznahme des Landes durch die Spanier und schreibt unter anderem:

S • T • K • M
Verschiedene Denkweisen diskutieren

Nūlla servitūs, nūllum onus umquam impōnī potest, nisi populus, quī subītūrus illa onera est, cōnsentit[1].
Nēminī principum aut rēgum licet aut dōnātiōne[2], venditiōne[3] aut aliō modō aliēnāre[4] cīvitātem, vīllam, castrum alicuī dominō, nisi cīvēs tālī aliēnatiōnī[5] cōnsentiant[1].

a) Übersetze den Text, erfasse den Inhalt und nimm Stellung dazu.
b) Informiere dich in der Einleitung über die Meinung von Juan Ginés de Sepúlveda zu den spanischen Eroberungen und diskutiere die Ansichten in der Klasse.

[1] **cōnsentīre** zustimmen
[2] **dōnātiō, dōnātiōnis f.** Schenkung
[3] **vendītiō, vendītiōnis f.** Verkauf
[4] **aliēnāre** veräußern, (jemandem) als Eigentum geben
[5] **aliēnātiō, ōnis f.** Veräußerung

8 Informiere dich über die Götter und Opferbräuche der Azteken und beschreibe den Tempelbezirk von Tenochtitlán (S. 85).

S • T • K • M
Informationen beschaffen und anwenden

Plateaulektion 57 – 60

Grundwissen: Lateinische Literatur in Mittelalter und Renaissance

Berichte über neue Welten – Fortleben der lateinischen Sprache

- auch nach dem Untergang des römischen Reiches große Bedeutung der **lateinischen Sprache** im Europa des Mittelalters: Mittel vor allem zur schriftlichen Kommunikation (meist die einzige Sprache, die in mehreren Ländern verstanden wurde)
  → Fortleben der antiken Literatur in lateinischen Texten des Mittelalters (**mittellateinische Literatur**), z. B. Reisebericht des **Johannes de Plano Carpini** (13. Jh.; unter dem Einfluss antiker römischer Autoren wie **Caesar** und **Tacitus**)
- großer Aufschwung des Lateinischen in der Zeit des **Renaissance und des Humanismus** (14.–16. Jh.)
  → Schaffung zahlreicher neuer lateinischer Texte nach dem Vorbild bedeutender antiker Schriftsteller
  → Entstehung lateinischer Texte, in denen auch geistesgeschichtliche Entwicklungen und die Entdeckung neuer Länder dokumentiert werden:

Einflüsse u. a. aus der **antiken lateinischen Liebesdichtung** und den Briefen **Ciceros**:

↓

Francesco Petrarca: italienischer Dichter (14. Jh.), Verfasser lateinischer Briefe, u. a. eines Berichtes über die Besteigung des Mont Ventoux

Einfluss antiker **griechischer Naturphilosophen** (Schüler des Pythagoras hatten bereits im 6. Jh. v. Chr. die Kugelgestalt der Erde angenommen)

↓

Christoph Kolumbus: italienisch-spanischer Seefahrer, gelangte 1492 bei dem Versuch, Indien auf dem Seeweg zu erreichen, zu dem noch unbekannten Kontinent Amerika

Hermann Cortes: spanischer Eroberer (16. Jh.), eroberte das Reich der Azteken unter Montezuma II.

Juan Ginés de Sepúlveda (16. Jh.), spanischer Dominikaner und Humanist, rechtfertigte die Eroberung des Landes der Ureinwohner und deren Versklavung (vgl. dagegen die kritischen Berichte des Dominikaners Bartolomé de Las Casas in spanischer Sprache)

Pietro Bembo: italienischer Humanist (15./16. Jh.), berichtete in seiner Geschichte von Venedig auch von den Entdeckungen des Kolumbus

Wundersames aus der „Neuen Welt“

L

Anfang des 16. Jahrhunderts nahm der italienische Seefahrer Amerigo Vespucci (1452–1512) an mehreren Entdeckungsfahrten in die neue Welt teil. Von seiner dritten Reise fertigte er einen ausführlichen Bericht an, den er 1502 als Brief mit dem Titel Mundus novus („Neue Welt“) an den florentinischen Adligen Lorenzo di Pierfrancesco de Medici schickte. Das italienische Original dieses Berichtes ist verloren, die lateinische Fassung wurde aber schnell in ganz Europa zum Bestseller. Nach dem Autor der Schrift wurde schließlich der neu entdeckte Kontinent „Amerika“ genannt. In seinem Bericht beschreibt Vespucci nicht nur die Geografie der von ihm bereisten mittel- und südamerikanischen Länder, sondern geht auch auf die Lebensweise der Bewohner ein.

Omnēs – virī fēminaeque – eunt nūdī, nūllam corporis partem tegentēs. Corpora habent māgna et pulchra et colōre dēclīnantia ad rubēdinem[1]. Quod eīs accidere putō, quia semper nūdī eunt sub sōle.

Faciem autem ipsī sibi laedunt. Perforant[2] enim sibi genās[3] et labra[4] et nārēs[5] et aurēs[6]. Sē ōrnant petrīs[7] et aliīs rēbus dīligenter factīs. Sī vidērēs hominem in genīs[3] et in labrīs[4] septem petrās[7] habentem, eum mīrārēris. Hic mōs sōlus est virōrum. Nam mulierēs nōn perforant[2] sibi faciem, sed aurēs[6] tantum.

Vīvunt sine rēge, sine imperiō. Tot uxōrēs dūcunt, quot volunt. Nūllum habent templum et nūllam tenent lēgem. Nōn sunt inter eōs mercātōrēs neque rēs emunt neque vendunt. Populī inter sē bella gerunt sine arte, sine ōrdine. Cum properant ad bella, nūllam suī corporis partem tegunt. Ergō etiam in hōc bestiīs similēs[8] sunt. Senēs et iuvenēs ad bella incendunt, in quībus crūdēliter aut aliōs interficiunt aut interficiuntur. Et eōs, quōs ex bellō captīvōs domum dūxērunt, servant, nōn ut eīs parcant, sed ut eōs paulō post occīdant. Nam iī, quī vīcērunt, eōs, quī victī sunt, comedere[9] solent et aliī aliīs cibō sunt. Et ego hominem cōgnōvī – quōcum etiam locūtus sum –, quī plūs quam trecenta hūmāna corpora comēdisse[9] dīcēbātur.

[1] **colōre dēclīnantia ad rubēdinem** von rötlicher Hautfarbe

[2] **perforāre** durchbohren

[3] **gena, ae f.** die Wange

[4] **labrum, ī n.** die Lippe

[5] **nāris, is f.** die Nase

[6] **auris, auris f.** das Ohr

[7] **petra, ae f.** der Edelstein

[8] **similis, simile** ähnlich

[9] **comedere, comedō, comēdī** aufessen

„Dise figur anzaigt uns das Volck und Insel die gefunden ist durch den christenlichen Kunig zu Portigal oder von seinen Underthonen“, Johann Froschauer, Illustrierte Ausgabe des „Mundus Novus“ von A. Vespucci, Augsburg, 1505 (New York, Public Library)

Methodenkompetenz (21): Textinterpretation (II)

In der Plateaulektion 50 – 53 hast du Hinweise zu den Inhalten und der Vorgehensweise bei einer Textinterpretation erhalten (Methodenkompetenz 18 – 19). Dort wurden folgende Arbeitsschritte genannt (für genauere Erklärungen zu den Arbeitsschritten vgl. S. 51):

1. **Genaues Lesen des Textes/Bestimmung des Themas**
2. **Textübersetzung**
3. **Bestimmung von Gliederung und Gedankengang**
4. **Bestimmung der Textsorte, der typischen sprachlichen Merkmale sowie des kulturellen Hintergrunds**
5. **Untersuchung der grammatischen Formen und ihrer Funktionen**
6. **Zusammenfassung der Interpretationsergebnisse**

Hier soll nun noch genauer in den Blick genommen werden, wie du die **Textsorte bzw. Gattung** in deine Interpretation einbeziehen kannst. Bestimme dazu, welche Darstellungsweisen in dem Text vorherrschen:
- Darstellung in einer allgemeinen Abhandlung
- Vermittlung von Informationen/Darstellung eines Lehrers, der einem bestimmten Schüler oder der allgemeinen Leserschaft etwas beibringen möchte
- persönlich gefärbte Darstellung (z. B. von selbst erlebten Ereignissen), um eine bestimmte Wirkung zu erzielen
- direkte Anrede des Autors an einen bestimmten Adressaten (z. B. in einem Brief) oder an die allgemeine Leserschaft
- Wiedergabe von Dialogen
- Wiedergabe von öffentlichen Reden

Der in dieser Plateaulektion stehende Übersetzungstext (S. 89) orientiert sich an **Amerigo Vespuccis Reisebericht *Mundus novus***. Die hier wiedergegebene Stelle steht in der Tradition antiker sowie mittel- und neuzeitlicher **ethnografischer Texte** (vgl. S. 76 zu Johannes de Plano Carpini), in denen Sitten und Bräuche eines – für den Autor fremden – Volkes beschrieben werden. Gleichzeitig handelt es sich um einen persönlichen Bericht Vespuccis, der seine Leser über das informiert, was er selbst gesehen oder gehört hat. Folgende Merkmale sind somit für die Textstelle charakteristisch:

Hervorhebung der Tatsache, dass der Autor für den Wahrheitsgehalt des Geschilderten bürgt, weil er es selbst gesehen hat — direkte Ansprache an den Leser, der aus dem Text etwas lernen soll — (direkt ausgesprochene oder indirekt vorgenommene) Vergleiche mit bekannten Lebensweisen — (richtige oder falsche) Vermutungen zur Erklärung des Gesehenen

2. Die Deklination des Komparativs und des Superlativs

2.1 Die Deklination des Komparativs ist identisch mit der Deklination der Substantive der 3. Deklination (Konsonantenstämme; vgl. Lektion 12, F 1.2). Im Unterschied zu den Adjektiven der 3. Deklination (vgl. Lektion 20, F 2.1 – 2.2; Lektion 22, F 2.2) lauten daher die Ausgänge

im Ablativ Singular: **-e**
im Nominativ / Akkusativ Plural Neutrum: **-a**
im Genitiv Plural: **-um**

	Singular			Plural		
Nom.	altior	altior	altius	altiōrēs	altiōrēs	altiōra
Gen.		altiōris			altiōrum	
Dat.		altiōrī			altiōribus	
Akk.	altiōrem	altiōrem	altius	altiōrēs	altiōrēs	altiōra
Abl.		altiōre			altiōribus	

2.2 Die Deklination des Superlativs entspricht der Deklination der Adjektive der a- und o-Deklination (vgl. Lektion 7, F 2, bzw. Lektion 9, F 2.2).

3. Die Übersetzung des Komparativs und des Superlativs

S

3.1 Der **Komparativ**
Die Person oder die Sache, mit der jemand oder etwas verglichen wird, kann durch **quam** angefügt oder durch den **Ablativ des Vergleichs** (ablativus comparationis) ausgedrückt werden:

Mīlitēs Francōrum fortiōrēs **quam mīlitēs Rōmānī** sunt.
Mīlitēs Francōrum fortiōrēs **mīlitibus Rōmānīs** sunt.

Die Soldaten der Franken sind **tapferer als** die römischen Soldaten.

3.2 Der **Superlativ**
bezeichnet die höchste Stufe der Steigerung:

Carolus cōnsilium nōbilissimōrum Francōrum convocāvit.

Karl rief eine Versammlung der adligsten Franken zusammen.

3.3 Er dient oft aber auch dazu, eine sehr hohe Stufe zu bezeichnen (**Elativ**: Hervorhebungsstufe):

Condiciō Leōnis pontificis miserrima fuit.	Die Lage des Papstes Leo war sehr/äußerst elend.
Facillimum erit inimīcōs superāre.	Es wird sehr leicht sein, die Feinde zu besiegen.

Der Elativ wird oft im Deutschen freier wiedergegeben: mōns altissimus: ein riesengroßer Berg – fēmina pulcherrima: eine wunderschöne Frau

Vokabeln

crūdēlis – miser – honōs – turpis – scelus – inimīcus – mīles – contendere

*pontifex, pontificis m.	der Priester; der Papst	pōns; Pontifikat
*laedere, laedō, laesī, laesum	verletzen, beschädigen	lädieren
*vinculum, ī n.	das Band, die Fessel; Plur.: das Gefängnis	I. il vincolo
*scelerātus, a, um	verbrecherisch; Subst.: der Verbrecher	scelus
*flāgitium, ī n.	die Schandtat; die Gemeinheit	
*sapiēns, sapientis	weise, vernünftig	sapientia
sōlus, a, um (Gen.: sōlīus, Dat.: sōlī)	einzig, allein	Solo, Solist
*suscipere, suscipiō, suscēpī, susceptum	etwas auf sich nehmen; jemanden aufnehmen; etwas unternehmen	
*proximus, a, um	der nächste, folgende	E. proximate; I. prossimo
absolvere, absolvō, absolvī, absolūtum	jemanden loslösen, freisprechen	solvere; Absolution; E. to absolve; Sp. absolver
caput, capitis n.	der Kopf; die Hauptstadt	E. capital; F. la capitale; I. la capitale
impōnere, impōnō, imposuī, impositum	auferlegen, einsetzen	ponere; imponieren; E. to impose; I. imporre
pius, a, um	gewissenhaft, pflichtbewusst, fromm	pietas; Pius; I. pio

J

pontifice auctōre (Abl. abs.)	auf Veranlassung des Papstes
in vincula conicere	(jemanden) ins Gefängnis werfen, in Ketten legen
amīco auxiliō venīre	dem Freund zu Hilfe kommen (vgl. L. 29, S 2)
crīminibus absolvere	(jemanden) von den Vorwürfen freisprechen

Vokabeln

cupidus – interficere – crūdēlis – lacessere – cōnstituere – dīmittere – potestās – exspectāre – apparēre – stupēre

*saevus, a, um	schrecklich, wild	E. savage; F. sauvage
*singulī, ae, a	je ein; einzelne	Singular
*bestia, ae f.	das wilde Tier	Bestie
*furor, furōris m.	die Wut, die Raserei	E. fury; I. il furore
nimis (Adv.)	(all) zu sehr	
*sors, sortis f.	das Los; der Orakelspruch; das Schicksal	F. le sort; S. la suerte
amor, amōris m.	die Liebe	amāre
*dulcis, dulce	süß; angenehm	I. dolce; S. dulce
necessitās, necessitātis f.	die Notwendigkeit, der Zwang	E. necessary
tribūnus, ī m.	der Tribun; der Offizier	E. tribune; I. il tribuno
mūnīre, mūniō, mūnīvī, mūnītum	(Mauern) bauen; befestigen; schützen	
tantum (Adv.)	nur	

J

amīcum ā bestiā dēfendere – den Freund vor dem wilden Tier verteidigen
impetum in bestiam facere – das wilde Tier angreifen
in Chrīstum crēdere – an Christus glauben

Lektion 50

Grammatik

F

1. Die Konjugation von fierī

1.1 Die Formen

	Indikativ	Konjunktiv	Infinitiv
Präsens	fīō, fīs, fit, fīmus, fītis, fīunt	fīam, fīās, fīat fīāmus, fīātis, fīant	fierī
Imperfekt	fīēbam, fīēbās, fīēbat, fīēbāmus, fīēbātis, fīēbant	fierem, fierēs, fieret, fierēmus, fierētis, fierent	
Futur	fīam, fīēs, fīet, fīēmus, fīētis, fīent		

1.2 Die Formen von fierī bilden im Präsensstamm das Passiv zu facere.

2. Die Steigerung der Adverbien

2.1 Auch bei den Adverbien gibt es drei Steigerungsstufen (vgl. Lektion 47, F 1).

2.2 Der **Komparativ** aller Adverbien, die von Adjektiven gebildet werden, entspricht dem Akkusativ Singular Neutrum des Komparativs der Adjektive (vgl. Lektion 47, F 2), z. B.: iūstē → iūst**ius**, prudenter → prudent**ius**, ācriter → ācr**ius**.

2.3 Der **Superlativ** aller Adverbien, die von Adjektiven gebildet werden, entspricht den Formen des Superlativs mit der bekannten Endung des Adverbs -e (vgl. Lektion 42, F 1), z. B.: iūstē → iūst**issimē**, prūdenter → prūdent**issimē**, ācriter → ācer**rimē**, facile → facil**limē**.

Auch das Adverb diū kann gesteigert werden: diū, diūtius, diūtissimē.

S

3. Der genitivus totius

(Genitiv des geteilten Ganzen; auch: genitivus partitivus)

3.1 Der genitivus totius bezeichnet das Ganze, von dem sein Bezugswort einen Teil angibt:

Croesus divitissimus omnium hominum erat.	Croesus war der reichste aller Menschen.

3.2 Der genitivus totius nimmt im Satz die Funktion eines Attributs ein.

Vokabeln

dīves – dīvitiae – convīvium – adventus – convenīre – putāre – nōmināre – contingit – ūsuī esse

*hospes, hospitis m.	der Gast, der Gastfreund	Hospiz; I. l'ospite
*rēgius, a, um	königlich	rēx, regere
dīligēns, dīligentis	gewissenhaft, sorgfältig	
*beātus, a, um	glücklich; reich	Beate; F. béat; I. beato
*propter (Präp. mit Akk.)	wegen	
quīn (mit Konj.)	dass nicht; dass	
nōn dubitāre, quīn (mit Konj.)	nicht zweifeln, dass	
minimē (Adv.)	keineswegs; überhaupt nicht	minimus
quam (mit Superlativ)	möglichst	
fēlīx, fēlīcis	glücklich	īnfēlīx; Felix; I. felix; S. feliz
cupiditās, cupiditātis f.	die Begierde, das Verlangen	cupere, cupidus; F. la cupidité; I. la cupidità
spatium, ī n.	die Strecke; der (Zeit)Raum	E. space; F. l'espace; I. lo spazio
fierī, fīō, factus sum	gemacht werden; geschehen; entstehen; werden	facere
omninō (Adv.)	insgesamt; völlig	omnis
*fātum, ī n.	der Götterwille; das Schicksal	fatal; E. fate; I. il fato
*aestimāre	(ein)schätzen, beurteilen	aes; E. estimate; F. estimer
*parvī (māgnī) aestimāre	gering (hoch) schätzen	

amicum ad convīvium adhibēre	den Freund zu einem Gastmahl einladen	J
dīvitiās parvī aestimāre	Reichtum geringschätzen	

Lektion 51

Grammatik

S

1. Der Konjunktiv im Hauptsatz (1)

1.1 Der Konjunktiv im Hauptsatz bezeichnet eine Möglichkeit. Als Aussagemodus kann er eine **Aufforderung** (Hortativ, Jussiv) oder ein **Verbot** (Prohibitiv) darstellen.

1.2 Der Hortativ

Der **Konjunktiv Präsens der 1. Person Plural** bezeichnet eine **Aufforderung** (von: hortārī: ermutigen, auffordern), die der Sprecher an eine Gruppe richtet, zu der er selbst gehört. Verneint wird der Hortativ mit **nē**.
Im Deutschen kann man den Hortativ mit der Umschreibung „**Lasst uns ...!**" wiedergeben.

Incipiāmus!	Lasst uns beginnen!/Wollen wir beginnen!
Nē dēspērēmus!	Lasst uns nicht verzweifeln!/Wollen wir nicht verzweifeln!

1.3 Der Jussiv

Der **Konjunktiv Präsens der 3. Person Singular** und **Plural** bezeichnet eine **Aufforderung** (von: iubēre: befehlen) an die dritte Person. Verneint wird der Jussiv mit **nē**.
Im Deutschen wird der Jussiv mit **„er/sie/es soll/sie sollen"** wiedergeben.

Iste vir taceat!	Dieser Mann soll schweigen!
Nē Athēniēnsēs haec dīcant!	Dies sollen die Athener nicht sagen!

1.4 Der Prohibitiv

Der **Konjunktiv Perfekt der 2. Person Singular** und **Plural** eingeleitet durch die Negation **nē** bezeichnet ein **Verbot** (von: prohibēre: abhalten) **in der Gegenwart.** Daher übersetzt man den Konjunktiv Perfekt immer auch als **verneinten Befehl** mit dem Imperativ Präsens.
Anstelle von nē können auch andere negative Wörter wie **nēmō, nihil, numquam** treten.

Nē mē rīseritis!	Lacht mich nicht aus!
Numquam amīcum dēserueris!	Lass niemals einen Freund im Stich!

Ein Verbot kann im Lateinischen auch durch die Kombination von **nōlī/nōlīte und Infinitiv** ausgedrückt werden:
Nōlī amīcum dēserere!
Nōlīte mē rīdēre!

Vokabeln

dēfendere – modus – rīdēre – sapiēns – commovēre – ostendere – praeesse – quaerere – scīre

* obicere, obiciō, obiēcī, obiectum	jemandem etwas vorwerfen	Objekt; E. to object
efficere, efficiō, effēcī, effectum	bewirken, herstellen	facere; Effekt
testis, testis m.	der Zeuge	Testament
inquam (eingeschoben)	sag(t)e ich	inquit
* pertinēre, pertineō, pertinuī (ad mit Akk.)	sich auf etwas beziehen; zu etw. gehören; sich erstrecken (bis zu)	tenēre
* dēsinere, dēsinō, dēsiī	(mit etw.) aufhören	sinere
* vitium, ī n.	der Fehler; die schlechte Eigenschaft	F. le vice; I. il vizio

J

ā puerō	von Kindheit an
sapientis est	es ist Kennzeichen/Eigenschaft eines Weisen
rē vērā	in Wahrheit
*quā dē causā	aus diesem Grund, daher
*Sōcratēs cīvibus odiō est.	Sokrates wird von den Bürgern gehasst (vgl. L. 29, S 2.5)

Lektion 52

Grammatik

S

1. Der Konjunktiv im Hauptsatz (2): Optativ (erfüllbare und unerfüllbare Wunschsätze)

1.1 Der Konjunktiv im Hauptsatz drückt häufig ein **Begehren** aus. Neben den in Lektion 51 genannten Aussagemodi des Konjunktivs als Aufforderung **(Hortativ, Jussiv)** oder Verbot **(Prohibitiv)** gibt es auch den Aussagemodus des **Optativs**, durch den ein **Wunsch** geäußert wird. Dabei wird zwischen **Wünschen**, die als **erfüllbar** gedacht werden, und solchen, die als **unerfüllbar** gedacht werden, unterschieden. Auch können sowohl Wünsche für die **Gegenwart** als auch für die **Vergangenheit** formuliert werden.

1.2 Häufig steht bei lateinischen Optativen zur Verstärkung **utinam** (bei Verneinungen: **utinam nē**). Ins Deutsche werden erfüllbare Wünsche zumeist mit „hoffentlich" (mit deutschem Indikativ) übersetzt, unerfüllbare Wünsche mit „wenn doch".

1.3 Für die Verwendung der Tempora des Konjunktivs gilt:

Konjunktiv Präsens	erfüllbarer Wunsch	Gegenwart	Utinam amīcus **veniat**! Hoffentlich kommt der Freund!
Konjunktiv Perfekt	erfüllbarer Wunsch	Vergangenheit	Utinam amīcus **vēnerit**! Hoffentlich ist der Freund gekommen!
Konjunktiv Imperfekt	unerfüllbarer Wunsch	Gegenwart	Utinam amīcus **venīret**! Wenn der Freund doch käme!
Konjunktiv Plusquamperfekt	unerfüllbarer Wunsch	Vergangenheit	Utinam amīcus **vēnisset**! Wenn der Freund doch gekommen wäre!

Anstelle von **utinam (nē)** können auch Konjunktivformen von velle, nōlle und mālle den Wunsch im Optativ einleiten (erfüllbar: **velim, nōlim, mālim** bzw. unerfüllbar: **vellem, nōllem, māllem**).

Vokabeln

adīre – cōnsilium capere – odisse – dīves – pauper – dīmittere – comes – vehemēns

utinam (m. Konj.)	hoffentlich; wenn doch	
*rēgnāre	König sein, herrschen	regere, rēx, rēgnum
*vīsere, vīsō, vīsī	(genau) ansehen, besichtigen; besuchen	vidēre, vīsitāre
aetās, aetātis f.	das Lebensalter, Zeitalter, die Zeit	E. age; I. l'età
utinam nē (m. Konj.)	wenn doch nicht; hoffentlich nicht	
*lūxuria, ae f.	die Üppigkeit, Genusssucht	Luxus
*palam (Adv.)	offen, öffentlich	
*diūtius (Adv.)	länger	diū

*canis, canis m.	der Hund	F. le chien; I. il cane
cōnspicere, cōnspiciō, cōnspēxī, cōnspectum	erblicken, ansehen	spectāre
paulum (Adv.)	ein wenig	paulō post
*tālis, tāle	so (beschaffen), derartig	I. tale
quālis, quāle	wie (beschaffen)	I. quale

J

Diogenem virtūte superāre	Diogenes an Tugend übertreffen

Lektion 53

Grammatik

S

1. Der Konjunktiv im Hauptsatz (3)

1.1 Der **Potentialis** als Aussagemodus im Hauptsatz schwächt eine Aussage ab und stellt ihren Inhalt als möglich dar. Der Potentialis wird im Lateinischen ohne Unterschied durch den **Konjunktiv Präsens** oder **Konjunktiv Perfekt** ausgedrückt. Er wird durch nōn verneint.
In der deutschen Übersetzung wird die Möglichkeit durch „dürfte/könnte" oder die Adverbien „wohl/vielleicht" zum Ausdruck gebracht:

Quīdam exīstiment/exīstimāverint multās cīvitātēs iniūstissimē regī.	Manche glauben wohl, dass viele Staaten sehr ungerecht regiert werden.
Dīcat/Dīxerit aliquis hoc vērum esse.	Es könnte einer sagen, dass dies wahr ist.

1.2 Der **Deliberativ** als Aussagemodus im direkten Fragesatz bringt eine unentschlossene Überlegung des Sprechers zum Ausdruck. Er wird im lateinischen Hauptsatz durch den **Konjunktiv Präsens** ausgedrückt. In der deutschen Übersetzung wird die Überlegung durch „sollen" zum Ausdruck gebracht.

Quid nunc faciam?	Was soll ich jetzt tun?

2. Potentialis und Deliberativ im Gliedsatz

2.1 Der Potentialis kann auch in Konditionalsätzen verwendet werden:

Sī vērus gubernātor nautīs dēmōnstret eōs cursum tenēre nōn posse, nautae eum reprehendant.	Wenn der wahre Steuermann den Matrosen **nachweist (nachweisen sollte)**, dass sie den Kurs nicht halten können, **dürften** die Matrosen ihn tadeln.

2.2 Der Deliberativ kann auch in indirekten Fragesätzen verwendet werden:

Platō sēcum cōgitat, quid faciat.	Platon überlegt bei sich, was er tun soll.

Vokabeln

celer – licet – cīvitās – praeesse – perdere – perniciēs – cōgitāre – quālis – difficilis – condiciō

optāre	wünschen	
administrāre	verwalten, leiten	
*contendere, contendō, contendī, contentum	behaupten; sich anstrengen; eilen; kämpfen	
*iuvenis, iuvenis m.	der junge Mann	
*iūstus, a, um	gerecht	iūs, iūstitia
*sūmere, sūmō, sūmpsī, sūmptum	nehmen	
*iniūstus, a, um	ungerecht	iūstus, iniūria
*ars, artis f.	die Kunst, Fertigkeit	Artist
*discere, discō, didicī	lernen	discipulus
ventus, ī m.	der Wind	Ventilator
sīdus, sideris n.	der Stern, das Sternbild	
vel ... vel	entweder ... oder	

J

ad rem pūblicam accēdere	sich politisch betätigen
nōn multum āfuit, quīn (mit Konj.)	es hätte nicht viel daran gefehlt, dass ...
supplicium sumere dē Sōcrate	Sokrates hinrichten (lassen)
rem pūblicam gerere	einen Staat regieren, leiten
cursum tenēre	den Kurs halten

Rēx spērāvit līberōs linguam Latīnam cognitūrōs esse.	Der König hoffte, dass die Kinder die lateinische Sprache lernen werden (würden).

Vokabeln

oculus – studium – neglegere – cōnsulere – īnstruere – mandāre – cōnscrībere – recitāre

interīre, intereō, interiī, interitum	untergehen, zugrunde gehen, umkommen	īre
*litterae, ārum f.	der Brief; die Wissenschaft(en); die Literatur	Literatur
*doctus, a, um	gelehrt, gebildet	docere; Doktor
sperāre	hoffen	spēs
lingua, ae f.	die Rede, die Sprache	Linguistik; E. language
*praecipere, praecipiō, praecēpī, praeceptum	vorschreiben, befehlen, lehren	capere
honestus, a, um	angesehen, ehrenwert	honōs; E. honest; I. onesto
• favēre, faveō, favī, fautūrum (mit Dat.)	(jemanden) begünstigen, (jemanden) fördern	
prōmittere, prōmittō, prōmīsī, prōmissum	versprechen	mittere; E. to promise
*mūnus, mūneris n.	die Leistung; Aufgabe, das Amt; Geschenk	
*convertere, convertō, convertī, conversus	umdrehen, (hin)wenden	vertere; konvertieren; E. to convert; I. convertire
*praeceptum, ī n.	die Vorschrift, der Befehl, die Lehre	praecipere; E. precept
nōbilitās, nōbilitātis f.	die Berühmtheit, der Adel, adeliger Stand	nōbilis; Nobilität
vultus, vultūs m.	die Miene, das Gesicht, Aussehen	I. il volto

linguam Latīnam cōgnōscere	die lateinische Sprache erfassen, erlernen
*mihī persuāsum est (mit AcI)	ich bin überzeugt (, dass)
magistrātum gerere	ein Amt bekleiden

J

Lektion 56

Grammatik

F

1. Das Pronomen idem, eadem, idem

	Singular			Plural		
	m.	f.	n.	m.	f.	n.
Nominativ	īdem	eadem	idem	iīdem	eaedem	eadem
Genitiv	eiusdem	eiusdem	eiusdem	eōru**n**dem	eāru**n**dem	eōru**n**dem
Dativ	eidem	eidem	eidem	iīsdem	iīsdem	iīsdem
Akkusativ	eu**n**dem	ea**n**dem	idem	eōsdem	eāsdem	eadem
Ablativ	eōdem	eādem	eōdem	iīsdem	iīsdem	iīsdem

S

2. Das Gerundivum als Attribut

Die Formen des Gerundivums hast du schon kennengelernt (vgl. Lektion 54, F 1.1 – 1.2). Das Gerundivum kann als Prädikatsnomen mit einer Form von esse verwendet werden (vgl. Lektion 54, S 2), es kann aber auch ein Attribut sein. Da es ein Verbaladjektiv ist, richtet sich das Gerundivum als **Attribut** in **KNG** nach seinem Bezugswort.

2.1 Zusammen mit einem Bezugswort entspricht das adjektivische Gerundivum oft der Konstruktion des substantivischen Gerundiums mit einem Akkusativobjekt und wird dann genauso übersetzt:

cōnsilium linguam Latīnam **cōgnōscendī** (Gerundium mit Akkusativobjekt)	der Beschluss Latein zu lernen
cōnsilium lingua**e** Latīna**e** **cōgnōscendae** (Gerundivum als Attribut in KNG-Kongruenz)	
Asinus clāmat sē **labōrēs suscipiendō** quasi necārī. (Gerundium mit Akkusativ-Objekt)	Der Esel schreit, dass er durch die Übernahme von Mühen (... indem er Mühen auf sich nimmt) gleichsam getötet wird.
Asinus clāmat sē **labōribus suscipiendīs** quasi necārī. (Gerundivum als Attribut in KNG-Kongruenz)	

2.2 Die Übersetzung des Gerundivums als Attribut erfolgt meist durch ein Verbalsubstantiv („... durch die Übernahme von Mühen") oder einen Gliedsatz („... indem er Mühen auf sich nimmt"). Steht das Gerundivum im Genitiv, kann es durch einen Infinitiv übersetzt werden („... Latein zu lernen").
Gelegentlich steht das Gerundivum als Attribut im Nominativ. Dann wird es mit einem Adjektiv auf „-lich" oder „-wert" wiedergegeben:

studium laudandum	ein lobens*werter* Eifer
rēs nōn ferenda	eine unerträg*liche* Angelegenheit

Vokabeln

labor – suscipere – dolor – accipere – malum – perferre – docēre – comperīre – condiciō

*necāre	töten	
*umquam	jemals	numquam
*tot ... quot	so viele ... wie viele	
*dūrus, a, um	hart	Dur; I./S. duro
domō (Abl.)	von zu Hause	domus
ēiusmodī	derartig	modus
īdem, eadem, idem	derselbe, dieselbe, dasselbe	
dum (mit Konjunktiv)	solange, bis	
invītus, a, um	ungern, gegen den Willen	velle
haerēre, haereō, haesī	hängen bleiben	kohärent
*ubi prīmum (mit Ind. Perfekt)	sobald	
*sponte meā, tuā, suā	freiwillig; von mir (dir, sich) aus	
*stultus, a, um	dumm	
saxum, ī n.	der Felsen, große Stein	I. il sasso
volvere, volvō, volvī, volūtum	wälzen, rollen; überlegen	Evolution
*inānis, ināne	wertlos, leer	
*negōtium, ī n.	die Aufgabe, Beschäftigung	otium; I. il negozio

Lektion 57

Grammatik

Das PFA kann verwendet werden

1. als **Prädikatsnomen** in Verbindung mit einer Form von esse, um eine unmittelbar bevorstehende Handlung auszudrücken:

Petrarca iter commodum quaesītūrus erat.	Petrarca war im Begriff, einen angenehmen Weg zu suchen/wollte gerade einen angenehmen Weg suchen.

2. als **Participium coniunctum**. Dabei drückt das PFA das **Zeitverhältnis** der **Nachzeitigkeit** zur Aussage des übergeordneten Prädikats aus. Als Participium coniunctum übernimmt das PFA die Satzgliedfunktion eines Adverbiale und hat eine **finale Sinnrichtung**:

Petrarca per vallēs errāvit iter commodum quaesītūrus.	Petrarca irrte durch die Täler, um einen angenehmen Weg zu suchen.

Vokabeln

altus – mōns – sōlus – cupiditās – ascendere – iter facere – discēdere – difficilis – cōgitāre

*insīgnis, e	kennzeichnend, auffallend	sīgnum; F./I./S. insigne
altitūdō, altitūdinis f.	die Höhe, die Tiefe	altus; I. l'altitudine
addūcere, addūcō, addūxī, adductum	heranführen, veranlassen	dūcere
inde (Adv.)	von dort; darauf; deshalb	
praeter (Präp. mit Akk.)	außer; an ... vorbei	
*vallis, vallis f.	das Tal	E. valley; F. le val
*commodus, a, um	angemessen, günstig, angenehm	modus; F. commode
angustus, a, um	eng, schwierig	
collis, collis m.	der Hügel	I. il colle
*quiēscere, quiēscō, quiēvī, quiētum	(aus)ruhen, schlafen	

mēns, mentis f.	der Geist, der Sinn, der Verstand, die Gesinnung	Mentalität, mental; E. mind; I./S. mente
propius (Adv.)	näher	
pectus, pectoris n.	die Brust, das Herz, das Gemüt	Angina pectoris

J

*summus mōns	der Gipfel des Berges
in mentem venīre	in den Sinn kommen
tantum labōris	so viel Arbeit (vgl. Lektion 50, S 3)

Lektion 58

Grammatik

Deponentien

F

1. Deponentien sind Verben, die nur passive Formen bilden, die aber aktiv übersetzt werden. Sie haben ihre passive Bedeutung sozusagen „abgelegt“ (von: dēpōnere = ablegen).

2. **Die Formen**
   Die Konjugation der Deponentien ist identisch mit den bekannten Passivformen (vgl. Lektion 36, F 1; Lektion 37, F 2; Lektion 40, F 1–2).

Der Präsensstamm

	Indikativ Präsens				
	a-Konjugation	e- Konjugation	i-Konjugation	konsonantische Konjugation	
Sg. 1. P.	hortor ich ermahne	vereor ich fürchte	potior ich erlange	loquor ich spreche	morior ich sterbe
2. P.	hortāris	verēris	potīris	loqueris	moreris
3. P.	hortātur	verētur	potītur	loquitur	moritur
Pl. 1. P.	hortāmur	verēmur	potīmur	loquimur	morimur
2. P.	hortāminī	verēminī	potīminī	loquiminī	moriminī
3. P.	hortantur	verentur	potiuntur	loquuntur	moriuntur

	Konjunktiv Präsens				
	a-Konjugation	e- Konjugation	i-Konjugation	konsonantische Konjugation	
Sg. 1. P.	horter	verear	potiar	loquar	moriar
2. P.	hortēris	vereāris	potiāris	loquāris	moriāris
3. P.	hortētur	vereātur	potiātur	loquātur	moriātur
	usw.	*usw.*	*usw.*	*usw.*	*usw.*

	Indikativ Imperfekt				
	a-Konjugation	e- Konjugation	i-Konjugation	konsonantische Konjugation	
Sg. 1. P.	hortābar ich mahnte	verēbar ich fürchtete	potiēbar ich erlangte	loquēbar ich sprach	moriēbar ich starb
2. P.	hortābāris	verēbāris	potiēbāris	loquēbāris	moriēbāris
3. P.	hortābātur	verēbātur	potiēbātur	loquēbātur	moriēbātur
Pl. 1. P.	hortābāmur	verēbāmur	potiēbāmur	loquēbāmur	moriēbāmur
2. P.	hortābāminī	verēbāminī	potiēbāminī	loquēbāminī	moriēbāminī
3. P.	hortābantur	verēbantur	potiēbantur	loquēbantur	moriēbantur

	Konjunktiv Imperfekt				
	a-Konjugation	**e- Konjugation**	**i-Konjugation**	**konsonantische Konjugation**	
Sg. 1. P.	hortārer	verērer	potīrer	loquerer	morerer
2. P.	hortārēris	verērēris	potīrēris	loquerēris	morerēris
3. P.	hortārētur	verērētur	potīrētur	loquerētur	morerētur
	usw.	*usw.*	*usw.*	*usw.*	*usw.*

	Futur I				
	a-Konjugation	**e- Konjugation**	**i-Konjugation**	**konsonantische Konjugation**	
Sg. 1. P.	hortābor ich werde mahnen	verēbor ich werde fürchten	potiar ich werde erlangen	loquar ich werde sprechen	moriar ich werde sterben
2. P.	hortāberis	verēberis	potiēris	loquēris	moriēris
3. P.	hortābitur	verēbitur	potiētur	loquētur	moriētur
Pl. 1. P.	hortābimur	verēbimur	potiēmur	loquēmur	moriēmur
2. P.	hortābiminī	verēbiminī	potiēminī	loquēminī	moriēminī
3. P.	hortābuntur	verēbuntur	potientur	loquentur	morientur

Der Perfektstamm

	Indikativ Perfekt				
	a-Konjugation	**e- Konjugation**	**i-Konjugation**	**konsonantische Konjugation**	
Sg. 1. P.	hortātus sum ich mahnte/ habe gemahnt	veritus sum ich fürchtete/ habe gefürchtet	potītus sum ich erlangte/ habe erlangt	locūtus sum ich sprach/habe gesprochen	mortuus sum ich starb/bin gestorben
2. P.	hortātus es	veritus es	potītus es	locūtus es	mortuus es
3. P.	hortātus est	veritus est	potītus est	locūtus est	mortuus est
Pl. 1. P.	hortātī sumus	veritī sumus	potītī sumus	locūtī sumus	mortuī sumus
2. P.	hortātī estis	veritī estis	potītī estis	locūtī estis	mortuī estis
3. P.	hortātī sunt	veritī sunt	potītī sunt	locūtī sunt	mortuī sunt

	Konjunktiv Perfekt				
	a-Konjugation	e- Konjugation	i-Konjugation	konsonantische Konjugation	
Sg. 1. P.	hortātus sim	veritus sim	potītus sim	locūtus sim	mortuus sim
2. P.	hortātus sīs	veritus sīs	potītus sīs	locūtus sīs	mortuus sīs
3. P.	hortātus sit	veritus sit	potītus sit	locūtus sit	mortuus sit
	usw.	*usw.*	*usw.*	*usw.*	*usw.*

	Indikativ Plusquamperfekt				
	a-Konjugation	e- Konjugation	i-Konjugation	konsonantische Konjugation	
Sg. 1. P.	hortātus eram ich hatte gemahnt	veritus eram ich hatte gefürchtet	potītus eram ich hatte erlangt	locūtus eram ich hatte gesprochen	mortuus eram ich war gestorben
2. P.	hortātus erās	veritus erās	potītus erās	locūtus erās	mortuus erās
3. P.	hortātus erat	veritus erat	potītus erat	locūtus erat	mortuus erat
	usw.	*usw.*	*usw.*	*usw.*	*usw.*

	Konjunktiv Plusquamperfekt				
	a-Konjugation	e- Konjugation	i-Konjugation	konsonantische Konjugation	
Sg. 1. P.	hortātus essem	veritus essem	potītus essem	locūtus essem	mortuus essem
2. P.	hortātus essēs	veritus essēs	potītus essēs	locūtus essēs	mortuus essēs
3. P.	hortātus esset	veritus esset	potītus esset	locūtus esset	mortuus esset
	usw.	*usw.*	*usw.*	*usw.*	*usw.*

	Futur II				
	a-Konjugation	e- Konjugation	i-Konjugation	konsonantische Konjugation	
Sg. 1. P.	hortātus erō	veritus erō	potītus erō	locūtus erō	mortuus erō
2. P.	hortātus eris	veritus eris	potītus eris	locūtus eris	mortuus eris
3. P.	hortātus erit	veritus erit	potītus erit	locūtus erit	mortuus erit
	usw.	*usw.*	*usw.*	*usw.*	*usw.*

	Infinitive				
	a-Konjugation	e- Konjugation	i-Konjugation	konsonantische Konjugation	
Präsens	hortārī	verērī	potīrī	loquī	morī
Perfekt	hortātum esse	veritum esse	potītum esse	locūtum esse	mortuum esse
Futur	hortātūrum esse	veritūrum esse	potītūrum esse	locūtūrum esse	moritūrum esse

	Imperative				
	a-Konjugation	e- Konjugation	i-Konjugation	konsonantische Konjugation	
Singular	hortāre! mahne!	verēre! fürchte!	potīre! erlange!	loquere! sprich!	morere! stirb!
Plural	hortāminī! mahnt!	verēminī! fürchtet!	potīminī! erlangt!	loquiminī! sprecht!	moriminī! sterbt!

Achtung: Der Imperativ Singular eines Deponens sieht aus wie der Infinitiv aktiver Verben. Achte daher gut auf die Satzzeichen!

Vokabeln

regiō – pervenīre – forma – mulier – adīre – canis – dēfendere – hiems – asper

proficīscī, proficīscor, profectus sum	aufbrechen, reisen, marschieren	
mīrārī, mīror, mīrātus sum	sich wundern, bewundern	E. to admire; F. admirer
interrogāre	fragen	rogāre; Interrogativpronomen
versārī, versor, versātus sum	sich aufhalten, sich befinden	
loquī, loquor, locūtus sum	sprechen, reden	eloquentia; Kolloquium
quicumque, quaecumque, quodcumque	wer auch immer; jeder, der	quī, quae, quod
nāscī, nāscor, nātus sum	geboren werden, enstehen	I. nascere
potīrī, potior, potītus sum (m. Abl.)	sich (einer Sache) bemächtigen, etw. erlangen	potens, potestās
resistere, resistō, restitī	Widerstand leisten; stehen bleiben	E. to resist; F. resister
tegere, tegō, tēxī, tectum	(be)decken, schützen	E. to protect

aggredī, aggredior, agressus sum	herangehen, angreifen	aggressiv; I. aggredire
*hortārī, hortor, hortātus sum	ermahnen, ermuntern	Hortativ
*verērī, vereor, veritus sum	sich fürchten, scheuen; verehren	
iactāre	werfen, schleudern	
tamquam	wie wenn; als ob	
*cōnsequī, cōnsequor, cōnsecutus sum	erreichen, einholen	konsequent
morī, morior, mortuus sum	sterben	mors; F. mourir; I. morire
*morārī, moror, morātus sum	(sich) aufhalten	

J

regiōne potīrī — eine Gegend erobern

Lektion 59

Grammatik

F

Semideponentien

1. In Lektion 58 hast du die **Deponentien** kennengelernt: Verben, die nur passive Formen bilden, die aber aktiv übersetzt werden. Daneben gibt es auch einige Verben, die nur in einem Tempusstamm ihre Formen passivisch bilden, während die Formen des anderen Tempusstammes aktiv gebildet werden. In beiden Fällen ist die Bedeutung dieser Verben stets aktivisch. Diese Verben nennt man **Semideponentien** („Halbdeponentien").
   Zu den Semideponentien gehört zum Beispiel das dir bereits bekannte Verb **gaudēre** („sich freuen"). Es hat die folgenden Stammformen: gaudēre, gaudeō, **gāvīsus sum**.
   Du erkennst, dass die Formen des Präsensstamms aktiv gebildet werden. Im Perfektstamm bildet das Verb hingegen wie die Deponentien eine passive Form mit Partizip Perfekt (gāvīsus) und einer Form von esse, die jedoch aktiv übersetzt wird (gāvīsus sum – „ich habe mich gefreut"). Weitere Verben, die allein im Perfektstamm passive Formen (mit aktiver Bedeutung) bilden, sind:

audēre, audeō, **ausus sum** – wagen
cōnfīdere, cōnfīdō, **cōnfīsus sum** – vertrauen
solēre, soleō, **solitus sum** – gewohnt sein.
Dagegen bildet das Semideponens revertī („zurückkehren") im Präsensstamm passive Formen und im Perfektstamm aktive Formen. Es hat also die folgende Stammformenreihe:
revertī, revertor, revertī
Von revertī gibt es außerdem das Partizip Perfekt **reversus** („zurückgekehrt").

2. Die Formen

Die Konjugation der Semideponentien im Präsensstamm (bzw. bei revertī im Perfektstamm) ist identisch mit den bekannten Passivformen (vgl. Lektion 36, F 1; Lektion 37, F 2; Lektion 40, F 1–2), bzw. den Formen der Deponentien (Lektion 58, F 2). Im Präsensstamm (bzw. bei revertī im Perfektstamm) bilden die Semideponentien die üblichen Aktivformen.

3. Vergleich mit anderen Verbgruppen

Die Formen und Bedeutung der Semideponentien lassen sich am besten überblicken, wenn man einen Vergleich mit den „normalen" Verben und den Deponentien anstellt:

	Formen des Präsensstamms		Formen des Perfektstamms	
	Infinitiv Präsens	**1. Pers. Sg. Präs.**	**1. Pers. Sg. Perf.**	**Partizip Perfekt (Passiv)**
Verb (kein Deponens)	vocāre („rufen")	vocō („ich rufe")	vocāvī („ich habe gerufen")	vocātum („gerufen")
Deponens	hortārī („ermahnen")	hortor („ich ermahne")	hortātus sum („ich habe ermahnt")	
Semideponentien	gaudēre („sich freuen")	gaudeō („ich freue mich")	gāvīsus sum („ich habe mich gefreut")	
	revertī („zurückkehren")	revertor („ich kehre zurück")	revertī („ich bin zurückgekehrt")	reversus („zurückgekehrt")

Vokabeln

ōrātiōnem habēre – opēs – litus – dēesse – pervenīre – occidere – reperīre – paucī – pecūnia – comes

*cōnfīdere, cōnfīdō, cōnfīsus sum	vertrauen	fīdus, fidēs
• gaudēre, gaudeō, gāvīsus sum	sich freuen	gaudium
sequī, sequor, secūtus sum (mit Akk.)	(jmd.) folgen	Sequenz
*audēre, audeō, ausus sum	wagen	
nūdus, a, um	nackt	Nudist
placidus, a, um	sanft, friedlich, ruhig	
ūtī, ūtor, ūsus sum (mit Abl.)	(etw.) benutzen, gebrauchen	ūsus; E. to use; F. user
avis, is f.	der Vogel	
vērō (Adv.)	wirklich; aber	
grandis, grande	groß, bedeutend	
colligere, colligō, collēgī, collectum	sammeln	legere; Kollekte; E. to collect
solēre, soleō, solitus sum	gewohnt sein, (etw.) gewöhnlicherweise tun	
ferrum, ī n.	das Eisen; die Waffe	F. le fer; I. il ferro
aurum, ī n.	das Gold	F. l'or; I. l'óro
pollicērī, polliceor, pollicitus sum	(etw.) versprechen	
*revertī, revertor, revertī, reversus	zurückkehren, umkehren	vertere
incola, ae **m.**	der Bewohner, Einwohner	colere
ōra, ae f.	die Küste	

J

occidentem sōlem sequī	nach Westen fahren
ingentis māgnitūdinis esse	sehr groß sein (vgl. Lektion 45, S 3)
amīcitiam foedusque inīre	ein Freundschaftsbündnis schließen
brevī tempore revertī	nach (in) kurzer Zeit zurückkehren
proximō annō	im folgenden Jahr

Grammatik

Partizip Perfekt der Deponentien: Verwendung

S

1. Das Partizip Perfekt bezeichnet auch bei den Deponentien die **Vorzeitigkeit** zur Aussage des übergeordneten Prädikats. Zur Wiedergabe im Deutschen vgl. Lektion 39, S 2.

Cortēsius in templum ingressus imāginēs deōrum dēlērī iussit.	Cortes ging in den Tempel und ließ dann die Götterbilder zerstören. Nachdem Cortes in den Tempel gegangen war, ließ er die Götterbilder zerstören.

2. Das Partizip Perfekt der Deponentien kann auch die Gleichzeitigkeit ausdrücken. Es wird dann in der Regel durch einen Präpositionalausdruck übersetzt.

Mutezūma deīs suīs cōnfīsus Cortēsium ōrāvit, nē deos violāret.	Im Vertrauen auf seine Götter bat Montezuma Cortes, die Götter nicht zu beleidigen.

Vokabeln

magis – ornāre – imāgō – sacrificāre – conficere – afficere – ēripere – offerre – honōs

*frequēns, frequentis	zahlreich, häufig besucht	frequentieren
*venerārī, veneror, venerātus sum	verehren, anbeten	
*sanguis, sanguinis m.	das Blut, der Mord	
*cor, cordis n.	das Herz, das Gemüt, die Seele	F. le cœur
ingredī, ingredior, ingressus sum	hineingehen, betreten	
violāre	verletzen, schänden, entweihen	
offendere, offendō, offendī, offēnsum	anstoßen, verletzen, beleidgen	Offensive
patī, patior, passus sum	erleiden, zulassen	Passiv, Passion
oblīvīscī, oblīvīscor, oblītus sum (mit Gen.)	(etwas) vergessen	

1. Verben

1.1 Indikativ Aktiv

Präsensstamm

Präsens

		a-Konjugation	e-Konjugation	i-Konjugation	kons. Konjugation	
Sg.	1. P.	laudō	moneō	audiō	regō	capiō
	2. P.	laudās	monēs	audīs	regis	capis
	3. P.	laudat	monet	audit	regit	capit
Pl.	1. P.	laudāmus	monēmus	audīmus	regimus	capimus
	2. P.	laudātis	monētis	audītis	regitis	capitis
	3. P.	laudant	monent	audiunt	regunt	capiunt

Imperfekt

		a-Konjugation	e-Konjugation	i-Konjugation	kons. Konjugation	
Sg.	1. P.	laudābam	monēbam	audiēbam	regēbam	capiēbam
	2. P.	laudābās	monēbās	audiēbās	regēbās	capiēbās
	3. P.	laudābat	monēbat	audiēbat	regēbat	capiēbat
Pl.	1. P.	laudābāmus	monēbāmus	audiēbāmus	regēbāmus	capiēbāmus
	2. P.	laudābātis	monēbātis	audiēbātis	regēbātis	capiēbātis
	3. P.	laudābant	monēbant	audiēbant	regēbant	capiēbant

Futur I

		a-Konjugation	e-Konjugation	i-Konjugation	kons. Konjugation	
Sg.	1. P.	laudābō	monēbō	audiam	regam	capiam
	2. P.	laudābis	monēbis	audiēs	regēs	capiēs
	3. P.	laudābit	monēbit	audiet	reget	capiet
Pl.	1. P.	laudābimus	monēbimus	audiēmus	regēmus	capiēmus
	2. P.	laudābitis	monēbitis	audiētis	regētis	capiētis
	3. P.	laudābunt	monēbunt	audient	regent	capient

Imperativ

	a-Konjugation	e-Konjugation	i-Konjugation	kons. Konjugation	
Singular	laudā!	monē!	audī!	rege!	cape!
Plural	laudāte!	monēte!	audīte!	regite!	capite!

Perfektstamm

Perfekt

		a-Konjugation	e-Konjugation	i-Konjugation	kons. Konjugation
Sg.	**1. P.**	laudāvī	monuī	audīvī	rēxī
	2. P.	laudāvistī	monuistī	audīvistī	rēxistī
	3. P.	laudāvit	monuit	audīvit	rēxit
Pl.	**1. P.**	laudāvimus	monuimus	audīvimus	rēximus
	2. P.	laudāvistis	monuistis	audīvistis	rēxistis
	3. P.	laudāvērunt	monuērunt	audīvērunt	rēxērunt

Plusquamperfekt

		a-Konjugation	e-Konjugation	i-Konjugation	kons. Konjugation
Sg.	**1. P.**	laudāveram	monueram	audīveram	rēxeram
	2. P.	laudāverās	monuerās	audīverās	rēxerās
	3. P.	laudāverat	monuerat	audīverat	rēxerat
Pl.	**1. P.**	laudāverāmus	monuerāmus	audīverāmus	rēxerāmus
	2. P.	laudāverātis	monuerātis	audīverātis	rēxerātis
	3. P.	laudāverant	monuerant	audīverant	rēxerant

Futur II

		a-Konjugation	e-Konjugation	i-Konjugation	kons. Konjugation
Sg.	**1. P.**	laudāverō	monuerō	audīverō	rēxerō
	2. P.	laudāveris	monueris	audīveris	rēxeris
	3. P.	laudāverit	monuerit	audīverit	rēxerit
Pl.	**1. P.**	laudāverimus	monuerimus	audīverimus	rēxerimus
	2. P.	laudāveritis	monueritis	audīveritis	rēxeritis
	3. P.	laudāverint	monuerint	audīverint	rēxerint

1.2 Indikativ Passiv

Präsensstamm

Präsens

		a-Konjugation	e-Konjugation	i-Konjugation	kons. Konjugation	
Sg.	1. P.	laudor	moneor	audior	regor	capior
	2. P.	laudāris	monēris	audīris	regeris	caperis
	3. P.	laudātur	monētur	audītur	regitur	capitur
Pl.	1. P.	laudāmur	monēmur	audīmur	regimur	capimur
	2. P.	laudāminī	monēminī	audīminī	regiminī	capiminī
	3. P.	laudantur	monentur	audiuntur	reguntur	capiuntur

Imperfekt

		a-Konjugation	e-Konjugation	i-Konjugation	kons. Konjugation	
Sg.	1. P.	laudābar	monēbar	audiēbar	regēbar	capiēbar
	2. P.	laudābāris	monēbāris	audiēbāris	regēbāris	capiēbāris
	3. P.	laudābātur	monēbātur	audiēbātur	regēbātur	capiēbātur
Pl.	1. P.	laudābāmur	monēbāmur	audiēbāmur	regēbāmur	capiēbāmur
	2. P.	laudābāminī	monēbāminī	audiēbāminī	regēbāminī	capiēbāminī
	3. P.	laudābantur	monēbantur	audiēbantur	regēbantur	capiēbantur

Futur I

		a-Konjugation	e-Konjugation	i-Konjugation	kons. Konjugation	
Sg.	1. P.	laudābor	monēbor	audiar	regar	capiar
	2. P.	laudāberis	monēberis	audiēris	regēris	capiēris
	3. P.	laudābitur	monēbitur	audiētur	regētur	capiētur
Pl.	1. P.	laudābimur	monēbimur	audiēmur	regēmur	capiēmur
	2. P.	laudābiminī	monēbiminī	audiēminī	regēminī	capiēminī
	3. P.	laudābuntur	monēbuntur	audientur	regentur	capientur

Imperative der Deponentien

Singular	hortāre	verēre!	potīre!	loquere!	morere!
Plural	hortāminī!	verēminī!	potīminī!	loquiminī!	moriminī!

Perfektstamm

Perfekt

		a-Konjugation	e-Konjugation	i-Konjugation	kons. Konjugation
Sg.	**1. P.**	laudātus, a, um sum	monitus, a, um sum	audītus, a, um sum	rēctus, a, um sum
	2. P.	laudātus, a, um es	monitus, a, um es	audītus, a, um es	rēctus, a, um es
	3. P.	laudātus, a, um est	monitus, a, um est	audītus, a, um est	rēctus, a, um est
Pl.	**1. P.**	laudātī, ae, a sumus	monitī, ae, a sumus	audītī, ae, a sumus	rēctī, ae, a sumus
	2. P.	laudātī, ae, a estis	monitī, ae, a estis	audītī, ae, a estis	rēctī, ae, a estis
	3. P.	laudātī, ae, a sunt	monitī, ae, a sunt	audītī, ae, a sunt	rēctī, ae, a sunt

Plusquamperfekt

		a-Konjugation	e-Konjugation	i-Konjugation	kons. Konjugation
Sg.	**1. P.**	laudātus, a, um eram	monitus, a, um eram	audītus, a, um eram	rēctus, a, um eram
	2. P.	laudātus, a, um erās	monitus, a, um erās	audītus, a, um erās	rēctus, a, um erās
	3. P.	laudātus, a, um erat	monitus, a, um erat	audītus, a, um erat	rēctus, a, um erat
Pl.	**1. P.**	laudātī, ae, a erāmus	monitī, ae, a erāmus	audītī, ae, a erāmus	rēctī, ae, a erāmus
	2. P.	laudātī, ae, a erātis	monitī, ae, a erātis	audītī, ae, a erātis	rēctī, ae, a erātis
	3. P.	laudātī, ae, a erant	monitī, ae, a erant	audītī, ae, a erant	rēctī, ae, a erant

Futur II

		a-Konjugation	e-Konjugation	i-Konjugation	kons. Konjugation
Sg.	**1. P.**	laudātus, a, um erō	monitus, a, um erō	audītus, a, um erō	rēctus, a, um erō
	2. P.	laudātus, a, um eris	monitus, a, um eris	audītus, a, um eris	rēctus, a, um eris
	3. P.	laudātus, a, um erit	monitus, a, um erit	audītus, a, um erit	rēctus, a, um erit
Pl.	**1. P.**	laudātī, ae, a erimus	monitī, ae, a erimus	audītī, ae, a erimus	rēctī, ae, a erimus
	2. P.	laudātī, ae, a eritis	monitī, ae, a eritis	audītī, ae, a eritis	rēctī, ae, a eritis
	3. P.	laudātī, ae, a erunt	monitī, ae, a erunt	audītī, ae, a erunt	rēctī, ae, a erunt

1.3 Die Nominalformen

Infinitiv

Präsens Aktiv	laudāre	monēre	audīre	regere	capere
Präsens Passiv	laudārī	monērī	audīrī	regī	capī
Perfekt Aktiv	laudāvisse	monuisse	audīvisse	rēxisse	cēpisse
Perfekt Passiv	laudātum esse	monitum esse	audītum esse	rēctum esse	captum esse
Futur Aktiv	laudātūrum esse	monitūrum esse	audītūrum esse	rēctūrum esse	captūrum esse

Partizip

Präsens Aktiv	laudāns laudantis	monēns monentis	audīens audientis	regēns regentis	capiēns capientis
Perfekt Passiv	laudātus, a, um	monitus, a, um	audītus, a, um	rēctus, a, um	captus, a, um
Futur Aktiv	laudātūrus, a, um	monitūrus, a, um	audītūrus, a, um	rēctūrus, a, um	captūrus, a, um

nd-Form: Gerundivum

laudandus, a, um monendus, a, um audiendus, a, um regendus, a, um capiendus, a, um

1.4 Konjunktiv Aktiv

Präsensstamm

Präsens

		a-Konjugation	e-Konjugation	i-Konjugation	kons. Konjugation	
Sg.	**1. P.**	laudem	moneam	audiam	regam	capiam
	2. P.	laudēs	moneās	audiās	regās	capiās
	3. P.	laudet	moneat	audiat	regat	capiat
Pl.	**1. P.**	laudēmus	moneāmus	audiāmus	regāmus	capiāmus
	2. P.	laudētis	moneātis	audiātis	regātis	capiātis
	3. P.	laudent	moneant	audiant	regant	capiant

Imperfekt

		a-Konjugation	e-Konjugation	i-Konjugation	kons. Konjugation	
Sg.	1. P.	laudārem	monērem	audīrem	regerem	caperem
	2. P.	laudārēs	monērēs	audīrēs	regerēs	caperēs
	3. P.	laudāret	monēret	audīret	regeret	caperet
Pl.	1. P.	laudārēmus	monērēmus	audīrēmus	regerēmus	caperēmus
	2. P.	laudārētis	monērētis	audīrētis	regerētis	caperētis
	3. P.	laudārent	monērent	audīrent	regerent	caperent

Perfektstamm

Perfekt

		a-Konjugation	e-Konjugation	i-Konjugation	kons. Konjugation
Sg.	1. P.	laudāverim	monuerim	audīverim	rēxerim
	2. P.	laudāveris	monueris	audīveris	rēxeris
	3. P.	laudāverit	monuerit	audīverit	rēxerit
Pl.	1. P.	laudāverimus	monerimus	audīverimus	rēxerimus
	2. P.	laudāveritis	monueritis	audīveritis	rēxeritis
	3. P.	laudāverint	monuerint	audīverint	rēxerint

Plusquamperfekt

		a-Konjugation	e-Konjugation	i-Konjugation	kons. Konjugation
Sg.	1. P.	laudāvissem	monuissem	audīvissem	rēxissem
	2. P.	laudāvissēs	monuissēs	audīvissēs	rēxissēs
	3. P.	laudāvisset	monuisset	audīvisset	rēxisset
Pl.	1. P.	laudāvissēmus	monuissēmus	audīvissēmus	rēxissēmus
	2. P.	laudāvissētis	monuissētis	audīvissētis	rēxissētis
	3. P.	laudāvissent	monuissent	audīvissent	rēxissent

1.5 Konjunktiv Passiv

Präsensstamm

Präsens

		a-Konjugation	e-Konjugation	i-Konjugation	kons.Konjugation	
Sg.	**1. P.**	lauder	monear	audiar	regar	capiar
	2. P.	laudēris	moneāris	audiāris	regāris	capiāris
	3. P.	laudētur	moneātur	audiātur	regātur	capiātur
Pl.	**1. P.**	laudēmur	moneāmur	audiāmur	regāmur	capiāmur
	2. P.	laudēminī	moneāminī	audiāminī	regāminī	capiāminī
	3. P.	laudentur	moneantur	audiantur	regantur	capiantur

Imperfekt

		a-Konjugation	e-Konjugation	i-Konjugation	kons.Konjugation	
Sg.	**1. P.**	laudārer	monērer	audīrer	regerer	caperer
	2. P.	laudārēris	monērēris	audīrēris	regerēris	caperēris
	3. P.	laudārētur	monērētur	audīrētur	regerētur	caperētur
Pl.	**1. P.**	laudārēmur	monērēmur	audīrēmur	regerēmur	caperēmur
	2. P.	laudārēminī	monērēminī	audīrēminī	regerēminī	caperēminī
	3. P.	laudārentur	monērentur	audīrentur	regerentur	caperentur

Perfektstamm

Perfekt

		a-Konjugation	e-Konjugation	i-Konjugation	kons. Konjugation
Sg.	**1. P.**	laudātus, a, um sim	monitus, a, um sim	audītus, a, um sim	rēctus, a, um sim
	2. P.	laudātus, a, um sīs	monitus, a, um sīs	audītus, a, um sīs	rēctus, a, um sīs
	3. P.	laudātus, a, um sit	monitus, a, um sit	audītus, a, um sit	rēctus, a, um sit
Pl.	**1. P.**	laudātī, ae, a sīmus	monitī, ae, a sīmus	audītī, ae, a sīmus	rēctī, ae, a sīmus
	2. P.	laudātī, ae, a sītis	monitī, ae, a sītis	audītī, ae, a sītis	rēctī, ae, a sitīs
	3. P.	laudātī, ae, a sint	monitī, ae, a sint	audītī, ae, a sint	rēctī, ae, a sint

Plusquamperfekt

		a-Konjugation	e-Konjugation	i-Konjugation	kons.Konjugation
Sg.	**1. P.**	laudātus, a, um essem	monitus, a, um essem	audītus, a, um essem	rēctus, a, um essem
	2. P.	laudātus, a, um essēs	monitus, a, um essēs	audītus, a, um essēs	rēctus, a, um essēs
	3. P.	laudātus, a, um esset	monitus, a, um esset	audītus, a, um esset	rēctus, a, um esset
Pl.	**1. P.**	laudātī, ae, a essēmus	monitī, ae, a essēmus	audītī, ae, a essēmus	rēctī, ae, a essēmus
	2. P.	laudātī, ae, a essētis	monitī, ae, a essētis	audītī, ae, a essētis	rēctī, ae, a essētis
	3. P.	laudātī, ae, a essent	monitī, ae, a essent	audītī, ae, a essent	rēctī, ae, a essent

1.6 esse

Indikativ – Präsensstamm

		Präsens	Imperfekt	Futur I
Sg.	**1. P.**	sum	eram	erō
	2. P.	es	erās	eris
	3. P.	est	erat	erit
Pl.	**1. P.**	sumus	erāmus	erimus
	2. P.	estis	erātis	eritis
	3. P.	sunt	erant	erunt

	Imperativ
Sg.	es!
Pl.	este!

Indikativ – Perfektstamm

		Perfekt	Plusquamperfekt	Futur II
Sg.	**1. P.**	fuī	fueram	fuerō
	2. P.	fuistī	fuerās	fueris
	3. P.	fuit	fuerat	fuerit
Pl.	**1. P.**	fuimus	fuerāmus	fuerimus
	2. P.	fuistis	fuerātis	fueritis
	3. P.	fuērunt	fuerant	fuerint

Infinitiv	
Perfekt Aktiv	**Futur Aktiv**
fuisse	futūrum esse (fore)

Konjunktiv

		Präsens	Imperfekt	Perfekt	Plusquamperfekt
Sg.	1. P.	sīm	essem	fuerim	fuissem
	2. P.	sīs	essēs	fueris	fuissēs
	3. P.	sit	esset	fuerit	fuisset
Pl.	1. P.	sīmus	essēmus	fuerimus	fuissēmus
	2. P.	sītis	essētis	fueritis	fuissētis
	3. P.	sint	essent	fuerint	fuissent

1.7 īre

Indikativ – Präsensstamm

		Präsens	Imperfekt	Futur I
Sg.	1. P.	eō	ībam	ībō
	2. P.	īs	ībās	ībis
	3. P.	it	ībat	ībit
Pl.	1. P.	īmus	ībāmus	ībimus
	2. P.	ītis	ībātis	ībitis
	3. P.	eunt	ībant	ībunt

	Imperativ
Sg.	ī!
Pl.	īte!

Partizip Präsens Aktiv	Gerundivum
iēns, euntis	eundus, a um

Indikativ – Perfektstamm

		Perfekt	Plusquamperfekt	Futur II
Sg.	1. P.	iī	ieram	ierō
	2. P.	īstī	ierās	ieris
	3. P.	iit	ierat	ierit
Pl.	1. P.	iimus	ierāmus	ierimus
	2. P.	īstis	ierātis	ieritis
	3. P.	iērunt	ierant	ierint

Infinitiv	
Perfekt Aktiv	Futur Aktiv
īsse	itūrum esse

Konjunktiv

		Präsens	Imperfekt	Perfekt	Plusquamperfekt
Sg.	1. P.	eam	īrem	ierim	īssem
	2. P.	eās	īrēs	ieris	īssēs
	3. P.	eat	īret	ierit	īsset
Pl.	1. P.	eāmus	īrēmus	ierimus	īssēmus
	2. P.	eātis	īrētis	ieritis	īssētis
	3. P.	eant	īrent	ierint	īssent

1.8 velle, nōlle, mālle

Indikativ – Präsensstamm

		Präsens	Imperfekt	Futur I
Sg.	1. P.	volō	volēbam	volam
	2. P.	vīs	volēbās	volēs
	3. P.	vult	volēbat	volet
Pl.	1. P.	volumus	volēbāmus	volēmus
	2. P.	vultis	volēbātis	volētis
	3. P.	volunt	volēbant	volent

		Präsens	Imperfekt	Futur I
Sg.	1. P.	nōlō/mālō	nōlēbam/mālēbam	nōlam/mālam
	2. P.	nōn vīs/māvīs	nōlēbas/mālēbās	nōlēs/mālēs
	3. P.	nōn vult/māvult	nōlēbat/mālēbat	nōlet/mālet
Pl.	1. P.	nōlumus/mālumus	nōlēbāmus/mālēbāmus	nōlēmus/mālēmus
	2. P.	nōn vultis/māvultis	nōlēbātis/mālēbātis	nōlētis/mālētis
	3. P.	nōlunt/mālunt	nōlēbant/mālēbant	nōlent/mālent

Partizip Präsens Aktiv (PPA)

volēns, volentis   nolēns, nolentis

Perfektstamm

		Perfekt	Plusquamperfekt	Futur II
Sg.	1. P.	voluī	volueram	voluerō
	2. P.	voluistī	voluerās	volueris
	3. P.	voluit	voluerat	voluerit
Pl.	1. P.	voluimus	voluerāmus	voluerimus
	2. P.	voluistis	voluerātis	volueritis
	3. P.	voluērunt	voluerant	voluerint

Die Verben nōlle und mālle werden im Perfektstamm wie velle gebildet.

Konjunktiv

		Präsens	Imperfekt	Perfekt	Plusquamperfekt
Sg.	1. P.	velim	vellem	voluerim	voluissem
	2. P.	velīs	vellēs	volueris	voluissēs
	3. P.	velit	vellet	voluerit	voluisset
Pl.	1. P.	velīmus	vellēmus	voluerimus	voluissēmus
	2. P.	velītis	vellētis	volueritis	voluissētis
	3. P.	velint	vellent	voluerint	voluissent

Die Verben nōlle und mālle werden im Konjunktiv entsprechend gebildet.

1.9 ferre

Aktiv

		Präsens		Imperfekt		Futur I
		Indikativ	**Konjunktiv**	**Indikativ**	**Konjunktiv**	**Indikativ**
Sg.	**1. P.**	ferō	feram	ferēbam	ferrem	feram
	2. P.	fers	ferās	ferēbās	ferrēs	ferēs
	3. P.	fert	ferat	ferēbat	ferret	feret
Pl.	**1. P.**	ferimus	ferāmus	ferēbāmus	ferrēmus	ferēmus
	2. P.	fertis	ferātis	ferēbātis	ferrētis	ferētis
	3. P.	ferunt	ferant	ferēbant	ferrent	ferent

Imperativ: fer! ferte!   Partizip Präsens Aktiv: ferēns, ferentis

		Perfekt		Plusquamperfekt		Futur II
		Indikativ	**Konjunktiv**	**Indikativ**	**Konjunktiv**	**Indikativ**
Sg.	**1. P.**	tulī	tulerim	tuleram	tulissem	tulerō
	2. P.	tulistī	tuleris	tulerās	tulissēs	tuleris
	3. P.	tulit	tulerit	tulerat	tulisset	tulerit
Pl.	**1. P.**	tulimus	tulerimus	tulerāmus	tulissēmus	tulerimus
	2. P.	tulistis	tuleritis	tulerātis	tulissētis	tuleritis
	3. P.	tulērunt	tulerint	tulerant	tulissent	tulerint

Partizip Perfekt Passiv: lātus, a, um

Passiv

		Präsens		Imperfekt		Futur I
		Indikativ	**Konjunktiv**	**Indikativ**	**Konjunktiv**	**Indikativ**
Sg.	**1. P.**	feror	ferar	ferēbar	ferrer	ferar
	2. P.	ferris	ferāris	ferēbāris	ferrēris	ferēris
	3. P.	fertur	ferātur	ferēbātur	ferrētur	ferētur
Pl.	**1. P.**	ferimur	ferāmur	ferēbāmur	ferrēmur	ferēmur
	2. P.	feriminī	ferāminī	ferēbāminī	ferrēminī	ferēminī
	3. P.	feruntur	ferantur	ferēbantur	ferrentur	ferentur

		Perfekt		Plusquamperfekt		Futur II
		Indikativ	**Konjunktiv**	**Indikativ**	**Konjunktiv**	**Indikativ**
Sg.	**1. P.**	lātus sum	lātus sim	lātus eram	lātus essem	lātus erō
	2. P.	lātus es	lātus sīs	lātus erās	lātus essēs	lātus eris
	3. P.	lātus est	lātus sit	lātus erat	lātus esset	lātus erit
Pl.	**1. P.**	lāti sumus	lāti sīmus	lāti erāmus	lāti essēmus	lāti erimus
	2. P.	lāti estis	lāti sītis	lāti erātis	lāti essētis	lāti eritis
	3. P.	lāti sunt	lāti sint	lāti erant	lāti essent	lāti erunt

1.10 fierī

	Indikativ	Konjunktiv
Präsens	fīō, fīs, fit, fīmus, fītis, fīunt	fīam, fīās, fīat, fīamus, fīatis, fīant
Imperfekt	fīēbam, fīēbās, fīēbat, fīēbāmus, fīēbātis, fīēbant	fierem, fierēs, fieret, fierēmus, fierētis, fierent
Futur I	fīam, fīēs, fīet, fīēmus, fīētis, fīent	

2. Substantive

2.1 a-Deklination

	Singular	Plural
Nominativ	domina	dominae
Genitiv	dominae	dominārum
Dativ	dominae	dominīs
Akkusativ	dominam	dominās
Ablativ	dominā	dominīs
Vokativ	domina	dominae

2.2 o-Deklination

o-Deklination masculinum / **o-Deklination neutrum**

	Singular	Plural	Singular	Plural	Singular	Plural
Nom.	dominus	dominī	puer	puerī	templum	templa
Gen.	dominī	dominōrum	puerī	puerōrum	templī	templōrum
Dat.	dominō	dominīs	puerō	puerīs	templō	templīs
Akk.	dominum	dominōs	puerum	puerōs	templum	templa
Abl.	dominō	dominīs	puerō	puerīs	templō	templīs
Vok.	domine	dominī	puer	puerī		

2.3 Dritte Deklination

	Singular	Plural	Singular	Plural	Singular	Plural
Nominativ	rēx	rēgēs	māter	mātrēs	urbs	urbēs
Genitiv	rēgis	rēgum	mātris	mātrum	urbis	urbium
Dativ	rēgī	rēgibus	mātrī	mātribus	urbī	urbibus
Akkusativ	rēgem	rēgēs	mātrem	mātrēs	urbem	urbēs
Ablativ	rēge	rēgibus	mātre	mātribus	urbe	urbibus
Vokativ	rēx	rēgēs	māter	mātrēs		

Dritte Deklination: Neutra

	Singular	Plural	Singular	Plural
Nominativ	tempus	tempora	mare	maria
Genitiv	temporis	temporum	maris	marium
Dativ	temporī	temporibus	marī	maribus
Akkusativ	tempus	tempora	mare	maria
Ablativ	tempore	temporibus	marī	maribus

2.4 e-Deklination

	Singular	Plural
Nominativ	rēs	rēs
Genitiv	reī	rērum
Dativ	reī	rēbus
Akkusativ	rem	rēs
Ablativ	rē	rēbus

2.5 u-Deklination

	Singular	Plural
Nominativ	magistrātus	magistrātūs
Genitiv	magistrātūs	magistrātuum
Dativ	magistrātuī	magistrātibūs
Akkusativ	magistrātūm	magistrātūs
Ablativ	magistrātū	magistrātibūs

3. Adjektive

3.1 a- und o-Deklination

	Singular			Plural		
	m.	**f.**	**n.**	**m.**	**f.**	**n.**
Nominativ	bonus	bona	bonum	bonī	bonae	bona
Genitiv	bonī	bonae	bonī	bonōrum	bonārum	bonōrum
Dativ	bonō	bonae	bonō	bonīs	bonīs	bonīs
Akkusativ	bonum	bonam	bonum	bonōs	bonās	bona
Ablativ	bonō	bonā	bonō	bonīs	bonīs	bonīs

3.2 Dritte Deklination

	Singular			Plural		
	m.	**f.**	**n.**	**m.**	**f.**	**n.**
Nominativ	ācer	ācris	ācre	ācrēs	ācrēs	ācri**a**
Genitiv	ācris	ācris	ācris	ācri**um**	ācri**um**	ācri**um**
Dativ	ācrī	ācrī	ācrī	ācribus	ācribus	ācribus
Akkusativ	ācrem	ācrem	ācre	ācrēs	ācrēs	ācri**a**
Ablativ	ācr**ī**	ācr**ī**	ācr**ī**	ācribus	ācribus	ācribus

3.3 Der Komparativ der Adjektive

	Singular			Plural		
	m.	f.	n.	m.	f.	n.
Nominativ	altior	altior	altius	altiōrēs	altiōrēs	altiōr**a**
Genitiv	altiōris	altiōris	altiōris	altiōr**um**	altiōr**um**	altiōr**um**
Dativ	altiōrī	altiōrī	altiōrī	altiōribus	altiōribus	altiōribus
Akkusativ	altiōrem	altiōrem	altius	altiōrēs	altiōrēs	altiōr**a**
Ablativ	altiōr**e**	altiōr**e**	altiōr**e**	altiōribus	altiōribus	altiōribus

4. Pronomina

4.1 Personalpronomen

	Singular		Plural	
	1. Person	2. Person	1. Person	2. Person
Nominativ	ego	tū	nōs	vōs
Genitiv	meī	tuī	nōstrī/nostrum	vestrī/vestrum
Dativ	mihi	tibi	nōbīs	vōbīs
Akkusativ	mē	tē	nōs	vōs
Ablativ	ā mē; mēcum	ā tē; tēcum	ā nōbīs; nōbīscum	ā vōbīs; vōbīscum

4.2 Reflexivpronomen

	Singular	Plural
Genitiv	suī	suī
Dativ	sibī	sibī
Akkusativ	sē	sē
Ablativ	ā sē; sēcum	ā sē; sēcum

4.3 Relativpronomen

	Singular			Plural		
	m.	f.	n.	m.	f.	n.
Nominativ	quī	quae	quod	quī	quae	quae
Genitiv	cuius	cuius	cuius	quōrum	quārum	quōrum
Dativ	cui	cui	cui	quibus	quibus	quibus
Akkusativ	quem	quam	quod	quōs	quās	quae
Ablativ	quō	quā	quō	quibus	quibus	quibus

4.4 Interrogativpronomen

substantivisch

Nominativ	quis? quid?
Genitiv	cuius?
Dativ	cui?
Akkusativ	quem? quid?
Ablativ	ā quō? quōcum?

adjektivisch

	Singular		
	m.	f.	n.
Nominativ	quī	quae	quod

Die Deklination entspricht der des Relativpronomens (4.3).

4.5 Demonstrativpronomina

	Singular			Plural		
	m.	f.	n.	m.	f.	n.
Nominativ	hic	haec	hoc	hī	hae	haec
Genitiv	huius	huius	huius	hōrum	hārum	hōrum
Dativ	huic	huic	huic	hīs	hīs	hīs
Akkusativ	hunc	hanc	hoc	hōs	hās	haec
Ablativ	hōc	hāc	hōc	hīs	hīs	hīs

	Singular			Plural		
	m.	f.	n.	m.	f.	n.
Nominativ	ille	illa	illud	illī	illae	illa
Genitiv	illīus	illīus	illīus	illōrum	illārum	illōrum
Dativ	illī	illī	illī	illīs	illīs	illīs
Akkusativ	illum	illam	illud	illōs	illās	illa
Ablativ	illō	illā	illō	illīs	illīs	illīs

	Singular			Plural		
	m.	f.	n.	m.	f.	n.
Nominativ	is	ea	id	iī (eī)	eae	ea
Genitiv	eius	eius	eius	eōrum	eārum	eōrum
Dativ	eī	eī	eī	iīs (eīs)	iīs (eīs)	iīs (eīs)
Akkusativ	eum	eam	id	eōs	eās	ea
Ablativ	eō	eā	eō	iīs (eīs)	iīs (eīs)	iīs (eīs)

	Singular			Plural		
	m.	f.	n.	m.	f.	n.
Nominativ	īdem	eadem	idem	iīdem	eaedem	eadem
Genitiv	eiusdem	eiusdem	eiusdem	eōru**n**dem	eāru**n**dem	eōru**n**dem
Dativ	eīdem	eīdem	eīdem	iīsdem	iīsdem	iīsdem
Akkusativ	eu**n**dem	ea**n**dem	idem	eōsdem	eāsdem	eadem
Ablativ	eōdem	eādem	eōdem	iīsdem	iīsdem	iīsdem

	Singular			Plural		
	m.	f.	n.	m.	f.	n.
Nominativ	iste	ista	istud	istī	istae	ista
Genitiv	istīus	istīus	istīus	istōrum	istārum	istōrum
Dativ	istī	istī	istī	istīs	istīs	istīs
Akkusativ	istum	istam	istud	istōs	istās	ista
Ablativ	istō	istā	istō	istīs	istīs	istīs

	Singular			Plural		
	m.	f.	n.	m.	f.	n.
Nominativ	ipse	ipsa	ipsum	ipsī	ipsae	ipsa
Genitiv	ipsīus	ipsīus	ipsīus	ipsōrum	ipsārum	ipsōrum
Dativ	ipsī	ipsī	ipsī	ipsīs	ipsīs	ipsīs
Akkusativ	ipsum	ipsam	ipsum	ipsōs	ipsās	ipsa
Ablativ	ipsō	ipsā	ipsō	ipsīs	ipsīs	ipsīs

4.6 Indefinitpronomina

	substantivisch		adjektivisch		
	Singular		Plural		
	m./f.	n.	m.	f.	n.
Nominativ	aliquis	aliquid	aliquī	**aliqua**	aliquod
Genitiv	alicuius	alicuius reī	alicuius	alicuius	alicuius
Dativ	alicui	alicui reī	alicui	alicui	alicui
Akkusativ	aliquem	aliquid	aliquem	aliquem	aliquod
Ablativ	aliquō	aliquā rē	aliquō	alīquā	aliquō

	Plural		
	m.	**f.**	**n.**
Nominativ	aliquī	aliquae	**aliqua**
Genitiv	aliquōrum	aliquārum	alīquōrum
Dativ	aliquibus	aliquibus	aliquibus
Akkusativ	aliquōs	aliquās	**aliqua**
Ablativ	aliquibus	aliquibus	aliquibus

	substantivisch			adjektivisch		
	Singular			Singular		
	m.	**f.**	**n.**	**m.**	**f.**	**n.**
Nominativ	quīdam	quaedam	**quiddam**	quīdam	quaedam	**quoddam**
Genitiv	cuiusdam	cuiusdam	cuiusdam	cuiusdam	cuiusdam	cuiusdam
Dativ	cuidam	cuidam	cuidam	cuidam	cuidam	cuidam
Akkusativ	que**n**dam	qua**n**dam	**quiddam**	que**n**dam	qua**n**dam	**quoddam**
Ablativ	quōdam	quādam	quōdam	quōdam	quādam	quōdam

	Plural			Plural		
	m.	**f.**	**n.**	**m.**	**f.**	**n.**
Nominativ	quīdam	quaedam	quaedam	quīdam	quaedam	quaedam
Genitiv	quōru**n**dam	quāru**n**dam	quōru**n**dam	quōru**n**dam	quāru**n**dam	quōru**n**dam
Dativ	quibusdam	quibusdam	quibusdam	quibusdam	quibusdam	quibusdam
Akkusativ	quōsdam	quāsdam	quaedam	quōsdam	quāsdam	quaedam
Ablativ	quibusdam	quibusdam	quibusdam	quibusdam	quibusdam	quibusdam

5. Präpositionen

mit dem Ablativ		mit dem Akkusativ	
ā, ab: von, von ... her, von ... an	Ā forō ad Capitōlium properō. Ich eile *vom* Marktplatz zum Kapitol.	ad: zu, bis ... zu, bei	Ad thermās properō. Ich eile *zu* den Thermen. Ad thermās amīcōs videō. *Bei* den Thermen sehe ich meine Freunde.
cum: mit, zusammen mit	Cum amīcīs ad forum properō. *Zusammen mit* den Freunden eile ich zum Marktplatz.	ante: vor	Dāvus ante templum est. Davus befindet sich *vor* dem Tempel.
		apud: bei; vor (jemandem)	Calgācus apud mīlitēs ōrātiōnem habuit. Calgacus hielt vor seinen Soldaten eine Rede.
dē: von, von ... herab, über	Dē Capitōliō monumenta forī spectō. Ich betrachte *vom* Kapitol herab die Denkmäler des Marktplatzes. Dāvus dē summō deō nārrat. Davus erzählt *vom* (*über den*) höchsten Gott.	contrā: gegen	Rōmānī contrā hostēs pūgnant. Die Römer kämpfen *gegen* die Feinde.
ē, ex: aus, aus ... heraus	Dominus ē vīllā exit. Der Herr tritt *aus* dem Landhaus *heraus*. Nāvēs frūmentum ē Siciliā apportant. Die Schiffe bringen Getreide *aus* Sizilien herbei.	in: nach, in (wohin?)	In theātrum properō. Ich eile *in* das Theater. Fīliī rēgis in Graeciam properant. Die Söhne des Königs eilen *nach* Griechenland.
in: in, an, auf (wo?)	In forō sum. Ich bin *auf* dem Marktplatz. In theātrō sum. Ich bin *im* Theater.	inter: zwischen, unter, während	Inter templum et statuās āra est. *Zwischen* dem Tempel und den Statuen befindet sich ein Altar. Inter amīcōs etiam Quīntus est. *Unter* den Freunden befindet sich auch Quintus. Inter cēnam Dāvus fābulam recitat. *Während* des Essens liest Davus eine Geschichte vor.

mit dem Ablativ		mit dem Akkusativ	
		intrā: innerhalb (von)	Māxentius intrā moenia urbis impetūs Cōnstantīnī exspectāvit. Maxentius erwartete innerhalb der Stadtmauern die Angriffe des Konstantin.
prō: für, vor, anstelle von	Plebeiī parātī nōn sunt prō patriā pūgnāre. Die Plebejer sind nicht bereit, *für* das Vaterland zu kämpfen.	per: durch (... hindurch)	Per forum ad Capitōlium properō. Ich eile *über* (durch) den Marktplatz (hindurch) zum Kapitol.
sine: ohne	Quīntus sine amīcīs in thermās properat. Quintus eilt *ohne* seine Freunde in die Thermen.	post: hinter, nach	Dāvus post templum est. Davus befindet sich *hinter* dem Tempel.
		praeter: außer; an ... vorbei	Pāstor dīxit sē nihil retulisse praeter labōrem. Der Hirte sagte, er habe (von dem Aufstieg auf den Berg) nichts außer Mühe davongetragen.
		suprā: oberhalb, über, über ... hinaus	Caesar in somniō vīderat sē suprā nūbēs volāre. Caesar hatte im Traum gesehen, dass er *über* den Wolken schwebte.
		usque ad: bis zu	Caesar Galliam ūsque ad Ōceanum subiēcit. Caesar unterwarf Gallien *bis zum* Atlantik.

Grammatisches Register der Lektionen 1 – 60

(Angegeben ist jeweils die Lektion, in der das Phänomen erstmals auftritt.)

Eigennamenverzeichnis (Lektionen 1 – 60)

(Hinweis: P 15 = Plateaulektion nach Lektion 15 etc.)

Achāia, ae f.	Landschaft im Norden der Peloponnes; seit 146 v. Chr. Bezeichnung der Römer für die Provinz Griechenland	P 53
Achilles, Achillis m.	Achill, Sohn der Nymphe Thetis und des sterblichen Königs Peleus. Stärkster Kämpfer der Griechen vor → Trōia; tötet → Hector, den Sohn des trojanischen Königs Priamos.	30
Actium ī n.	Hafenstadt am Golf von Ambrakia, nördlich der griechischen Landschaft Arkananien. Hier besiegte Octaviānus, der spätere Kaiser → Augustus, im Jahr 31 v. Chr. in einer Seeschlacht → M. Antōnius.	36
Aenēas, Aenēae m. (Vokativ: Aenēa)	Sohn des → Anchīses und Vater des → Ascanius, mit denen er aus dem brennenden Troja flieht. Der Sage nach hatte ihn dazu seine Mutter, die Göttin → Venus aufgefordert. Nach langer Flucht gelangt er nach Italien, wo er sich in Latium niederlässt; gilt als Ahnherr der Römer.	P 15, 30, P 30
Aesōpus, ī m.	Äsop, griechischer Dichter, der Legende nach ein freigelassener Sklave von der Insel Samos; er erfand die literarische Gattung der Fabel. Zahlreiche Motive seiner Fabeln wurden in Rom von → Phaedrus in die lateinische Sprache übernommen.	38; 56
Africa, ae f.	seit 146 v. Chr. römische Provinz im Gebiet des eroberten und zerstörten → Carthāgō	23
Agēnōr, Agēnōris m.	Vater der → Europa und König der phönizischen Stadt Tyros	26
Agricola, ae m.	römischer Senator und Heerführer (40 – 93 n. Chr.); 77 – 84 Statthalter in Britannien, wo er in erfolgreichen Kämpfen gegen die Britannier die römische Herrschaft nach Norden erweiterte.	45
Alba Longa, ae f.	Stadt in → Latium am Albanersee (heute Albano). Der Sage nach gegründet von → Ascanius (Iūlus), dem Sohn des → Aenēas.	30
Alexander Māgnus	Alexander der Große (356 – 323 v. Chr.), König der Makedonen ab 336 v. Chr.; zog 334 v. Chr. mit seinen Truppen nach Kleinasien (→ Asia) und besiegte dort bei Issos (333 v. Chr.) und Gaugamela (331 v. Chr.) die Truppen des persischen Großkönigs Dareios III.; zog dann mit seinem Heer bis nach Indien, bis ihn eine Meuterei seiner Soldaten zur Rückkehr zwang.	34, 52
Allia, ae f.	Nebenfluss des Tiber in Mittelitalien; dort vernichteten im Jahr 387 v. Chr. die Gallier ein römisches Heer.	10

Alpēs, ium f.	die Alpen	23
Ambiorix, Ambiorīgis m.	Fürst des gallischen Stammes der → Eburonen; vernichtete im Jahr 54 v. Chr. bei einem Überfall auf die Truppen der römischen Legaten → Cotta und → Sabīnus 15 Kohorten.	41
Anchīses, Anchīsis m.	Ehemann der Göttin → Venus und Vater des → Aenēas. Flieht mit ihm zusammen aus dem brennenden Troja.	30
M. Antōnius, ī m.	Marcus Antonius (82–30 v. Chr.), Offizier im Heer → Caesars, mit dem er im Jahr 44 v. Chr. gemeinsam Konsul war. Verbündete sich nach Caesars Tod mit Lepidus und → Octaviānus zum Triumvirat gegen die Caesarmörder. Wurde 31 v. Chr. bei → Actium von den Truppen des Octaviānus besiegt und beging kurz darauf Selbstmord.	36
Apollō, Apollinis m.	Apoll; Gott der Weissagung und Dichtkunst	13, 27
Aristaeus, ī m.	Hirte, der sich in → Eurydicē, die Ehefrau des → Orpheus verliebt hatte	28
Armīnius, ī m.	Fürst des germanischen Stammes der → Cherusker (ca. 17 v.–21 n. Chr.). Er diente unter Kaiser → Tiberius zunächst im römischen Heer; vernichtete im Jahr 9 n. Chr. mit seinen Truppen die drei Legionen des römischen Statthalters → P. Quintīlius Vārus im Teutoburger Wald.	42, 43
Ascanius, ī m.	Sohn des → Aenēas; wird später auch Iūlus genannt. Er flieht mit seinem Vater aus Troja und gründet später in → Latium die Stadt → Alba Longa. Aus seinem Geschlecht stammen später die Zwillinge Romulus und Remus ab.	30
Asia, ae f.	Kleinasien; seit 129 v. Chr. römische Provinz	34
Athēnae, ārum	Athen	P 53
Athēniēnsis, Athēniēnsis m.	der Athener, Einwohner der Stadt Athen	50, 51
Augustus, ī m.	eigentlich: C. Octāvius (63 v. Chr.–14 n. Chr.). Großneffe des C. Iūlius → Caesar, von dem er mit 18 Jahren adoptiert wurde. Seit dieser Zeit nannte er sich C. Iūlius Caesar Octaviānus. Nach dem Tod Caesars verbündete sich Octaviānus zunächst mit → M. Antōnius und besiegte mit dessen Unterstützung im Jahr 42 v. Chr. die Caesarmörder. Nach dem Sieg über Antōnius bei Actium 31 v. Chr. war Octaviānus unumschränkter Alleinherrscher (princeps). 27 v. Chr. verlieh ihm der Senat den Ehrentitel Augustus (der „Erhabene“).	36, 37
Aventīnus, ī m.	der Aventin; einer der sieben Hügel Roms	11

Batāvī, ōrum m.	die Bataver, germanischer Volksstamm, der in der Nähe der Rheinmündung siedelte. Unter ihrem Anführer → Iūlius Civīlis erhoben sich die Bataver im Jahr 69 n. Chr. gegen die römischen Legionen am Rhein. Der Aufstand wurde jedoch bald niedergeschlagen.	44
Bithȳnia, ae f.	Bithynien, Königreich im nordwestlichen Kleinasien, seit 74 v. Chr. römische Provinz	34
Bovillae, ae f.	kleine Stadt in Latium, an der Via Appia, etwa 12 römische Meilen (18 km) von Rom entfernt	33
Britannia, ae f.	Britannien, seit dem 1. Jahrhundert n. Chr. römische Provinz	45
Brūtus, ī m.	Lūcius Iūnius Brūtus, legendärer Begründer der römischen Republik und des Konsulats im Jahr 509 v. Chr.	13
C. Fabrīcius, i m.	Konsul 282 v. Chr.; Zensor 275 v. Chr. Er galt als römisches Beispiel für Unbestechlichkeit und Unerschrockenheit.	22
Caesar, Caesaris m.	Cāius Iūlius Caesar (100–44 v. Chr.); römischer Politiker aus dem patrizischen Geschlecht der Julier, die sich auf → Ascanius (Iūlus), den Sohn des → Aenēas zurückführten. Konsul 59 v. Chr.; er eroberte als Proconsul 58–51 v. Chr. Gallien (→ Gallia). Im Bürgerkrieg (49–45 v. Chr.) besiegte er → Pompēius und wurde dadurch gleichsam Alleinherrscher in Rom. Im Februar 44 v. Chr. wurde er zum Diktator auf Lebenszeit ernannt, am 15. März des Jahres dann aber von einer Opposition des Senats unter der Führung des C. Cassius und M. Iūnius Brūtus ermordet.	34
Calgacus, ī m.	Anführer des britischen Stammes der Kaledonier. Er wurde im Jahr 84 n. Chr. vom römischen Feldherrn → Agricola in der Schlacht am Mons Graupius im Norden Britanniens besiegt.	44
Cambodūnum, ī n.	römische Siedlung im Gebiet der heutigen Stadt Kempten im Allgäu	P 45
Campānia, ae f.	Kampanien; fruchtbare Landschaft in Mittelitalien	20
Campus Mārtius m.	das Marsfeld; Bezeichnung für die Ebene zwischen dem Tiber und dem Kapitol, in der ursprünglich die Heeresversammlungen stattfanden	35, 40
Cannae, ārum, f.	Dorf in Apulien, wo → Hannibal 216 v. Chr. in einer Schlacht dem römischen Heer eine vernichtende Niederlage zufügte	23
Capitōlium, ī n.	das Kapitol, einer der sieben Hügel Roms, mit einer befestigten Burg und dem Tempel für die römische Göttertrias → Iupiter, → Iūnō, → Minerva	9, 10, 18, 44
Carneadēs, is m.	Philosoph aus Kyrene (ca. 214–129 v. Chr.), lehrte in Athen, nahm im Jahr 155 v. Chr. an der Gesandtschaft griechischer Philosophen nach Rom teil.	25

Carthāgō, inis f.	Stadt in Nordafrika; Hauptstadt der Karthager (→ Poenī)	23, 24, P 30
Catilīna, ae m.	Lūcius Sergius Catilīna, (108–62 v. Chr.), Senator aus einer alten patrizischen Familie. 66 v. Chr. Proprätor in der Provinz Africa, die er ausbeutete. Nach zwei gescheiterten Versuchen, zum Konsul gewählt zu werden, versuchte er im Jahr 63 v. Chr. durch die Ermordung des Konsuls → Cicerō, einen Umsturz herbeizuführen und so an die Macht zu kommen. Nach seiner Flucht nach Etrurien ist er dort im Kampf gegen die römischen Truppen 62 v. Chr. gefallen.	P 35
Catō, Catōnis m.	Marcus Porcius Catō (234–149 v. Chr.), sittenstrenger römische Politiker, Konsul 195 v. Chr., Zensor 184 v. Chr.	P 10, 24
Chaerephōn, Chaerephontis m.	Chairephon, ein Freund des athenischen Philosophen → Sokrates (Sōcratēs); befragte das Orakel in Delphi, wer weiser als Sokrates sei.	51
Cheruscī, ōrum m.	die Cherusker; germanischer Volksstamm, der zwischen Weser und Elbe siedelte	42, 43
Chrīstiānī, ōrum m.	die Christen	39, 40, P 40
Chrīstōphorus, ī m.	der „Christusträger"; frühchristlicher Märtyrer des 3. oder 4. Jahrhunderts n. Chr. Er soll der Legende nach den jungen Christus auf seinen Schultern durch einen Fluss getragen haben.	48
Chrīstus, ī m.	„der Gesalbte"; griechische Übersetzung der hebräischen Bezeichnung „der Messias" für Jesus von Nazareth	39, P 40, 48, 49
Cicerō, Cicerōnis m.	Marcus Tullius Cicerō (106–43 v. Chr.), römischer Politiker aus dem Ritterstand; Anhänger und zeitweise Wortführer der Senatspartei; der größte Redner Roms; Verfasser bedeutender Schriften zu Redekunst und Philosophie. Wurde als erster seiner Familie im Jahr 63 v. Chr. zum Konsul gewählt (homō novus). In seinem Konsulat vereitelte er den Umsturzversuch des → Catilīna, dessen Verschwörung er aufdeckte.	P 10, P 35
Cimbrī, ōrum m.	die Kimbern; germanischer Volksstamm. Drang gegen Ende des 2. Jahrhunderts v. Chr. nach Gallien und Norditalien ein und vernichtete 105 v. Chr. bei Arausio (Orange) ein römisches Heer völlig; wurde 101 v. Chr. bei → Vercellae von → Marius besiegt.	32
Circus Maximus, ī m.	der Circus Maximus, die größte Rennbahn in Rom	6

Civīlis	Cāius Iūlius Civīlis (25–ca. 70 n. Chr.), Fürst der → Bataver, der im römischen Heer als Anführer einer Einheit von Hilfstruppen diente. Im Jahr 69 n. Chr. versuchte er durch einen Aufstand, die römischen Legionen am Rhein zu vertreiben, wurde aber nach kurzer Zeit besiegt.	44
Clōdius, Clōdiī, m.	Publius Clōdius Pulcher (ca. 92–52 v. Chr.), stammte aus dem Patriziergeschlecht der Claudier. Um im Jahr 58 v. Chr. Volkstribun werden zu können, ließ er sich in die Plebs aufnehmen und nannte seinen Gentilnamen von da an „Clōdius". Als Volkstribun veranlasste er im Jahr 58 die Verbannung Ciceros für dessen Vorgehen gegen → Catilīna. Mithilfe seiner Gladiatorenbanden terrorisierte er Rom, bis er im Jahr 52. v. Chr. in einer Auseinandersetzung mit → Milo bei → Bovillae getötet wurde.	33
Cloelia, ae f.	römisches Mädchen, das als Geisel zu König → Porsenna geschickt wurde	P 25
Columbus, ī m.	Christoph Kolumbus (1451–1506), in Genua geboren, Seefahrer im Dienste des spanischen Königs. Er entdeckte im Oktober 1492 auf der Suche nach dem westlichen Seeweg von Europa nach Ostasien den amerikanischen Kontinent.	59
Cōmum, ī n.	Stadt in Norditalien; heute Como	54
Concordia, ae f.	die Göttin der Eintracht. Ihr Tempel befand sich auf dem Forum in Rom.	P 10
Constantīnus, ī m.	C. Flāvius Valērius Constantīnus (285–337 n. Chr.), wurde im Jahr 306 zum römischen Kaiser ausgerufen. Besiegte 312 den Gegenkaiser → Maxentius an der Milvischen Brücke (→ Mulvius pōns) vor den Toren Roms. 313 erließ er das Toleranzedikt von Mailand, durch das die Ausübung der christlichen Religion im römischen Reich offiziell anerkannt wurde. Nach dem Sieg über seinen Mitregenten Licīnius herrschte er ab 324 allein und wählte Byzanz zur Hauptstadt des römischen Reiches, die er in Konstantinopel umbenannte.	40
Corinthus, ī f.	Korinth, bedeutende griechische Handelsstadt am Isthmus, der Landenge zwischen der Peloponnes und Mittelgriechenland	27, 52
Coriolānus, ī m.	Coriolan, legendärer Held der Römer im Krieg gegen die Volsker (→ Volscī); begab sich nach einem Streit mit den Plebejern zu den Volskern und griff mit ihnen Rom an.	15
Cortēsius, ī m.	Hernán Cortés (1485–1547), spanischer Eroberer, der nach langen Kämpfen den Aztekenkönig Montezuma (→ Mutezūma) besiegte und dessen Hauptstadt Tenochtitlán eroberte.	60
Cotta, ae m.	Legat im Heer Caesars; geriet im Winter 54/53 v. Chr. gemeinsam mit dem Legaten → Sabīnus in einen Hinterhalt der Eburonen unter Ambiorix und wurde dabei getötet.	41

Crēta, ae f.	Insel im östlichen Mittelmeer	26
Croesus, ī m.	Kroisos, 560–546 König der Lyder (→ Lȳdī); berühmt für seinen sagenhaften Reichtum. Beim Versuch, das Perserreich zu erobern, wurde er von deren König Kyros besiegt.	50
Danūvius, i m.	die Donau	P 45
Didō, Didōnis f.	sagenhafte Gründerin und Königin der Stadt → Carthāgō. Sie verliebte sich in → Aenēas, der auf seiner Flucht von → Trōia in Carthāgō landete. Als Aeneas sie verließ und nach Italien weiterfuhr, beging Dido Selbstmord.	P 30
Diogenes, Diogenis m.	Philosoph aus Sinope am Schwarzen Meer (ca. 400–328 v. Chr.); Begründer der kynischen Philosophie; lehnte Reichtum und Luxus ab, forderte ein Leben in Bedürfnislosigkeit.	52
Eburōnēs, Eburōnum m.	die Eburonen, gallischer Stamm, der im Gebiet zwischen Maas und Rhein siedelte. Sie überfielen im Winter 54/53 v. Chr. unter ihrem Anführer → Ambiorix die römischen Kohorten der Legaten → Cotta und → Sabīnus.	41
Epīrus, ī f.	Landschaft an der Westküste Griechenlands	22
Etruscī, ōrum m.	die Etrusker	P 15, 21, P 25
Eurōpa, ae f.	Tochter des Königs → Agēnor aus der phönizischen Stadt Tyros	26
Eurydicē, ēs f.	Ehefrau des berühmten Sängers → Orpheus	28
Flāvus, ī m.	Germane aus dem Stamm der → Cherusker (Cheruscī), der als Soldat im römischen Heer diente; Bruder des → Arminius	43
Francī, ōrum m.	die Franken („die Freien", die „Kühnen"); westgermanischer Stammesverband, der ab der Mitte des 3. Jhds. n. Chr. in das Gebiet der römischen Provinz Gallien einwanderte. Der Stamm war ab der Mitte des 8. Jahrhunderts unter der Herrschaft der Karolinger (→ Karolus).	47, 55
Gallī, ōrum m.	die Gallier; römischer Sammelname für die keltischen Stämme	10, 41
Gallia, ae f.	Gallien; Bezeichnung der Römer für das Gebiet zwischen Rhein, Alpen, Pyrenäen und Atlantik. Die römischen Provinzen in Gallien waren zunächst eingeteilt in die Gallia Cisalpina und in die Gallia Narbonensis. Das von → Caesar eroberte Gebiet Galliens wurde später die Provinz Gallia Transalpina.	23, 34, 41
Geōrgius, ī m.	der heilige Georg, der Sage nach ein römischer Militärtribun	49

Germānī, ōrum m.	die Germanen; römische Bezeichnung für eine in viele Stämme zerfallende Völkergruppe Mittel-, Nord- und Osteuropas	32, 42, 44
Germānia, ae f.	Germanien; römische Bezeichnung für die beiden linksrheinischen Provinzen Niedergermanien (Germānia inferior) und Obergermanien (Germānia superior), aber auch für das nicht unterworfene rechtsrheinische Gebiet (Germānia māgna)	42
Germānicus, ī m.	Iūlius Caesar Germānicus (15 v. Chr. – 19 n. Chr.); Sohn des Drusus und der Antonia, der im Jahr 4 n. Chr. von Kaiser → Tiberius adoptiert wurde. Führte 14 – 16 n. Chr. drei erfolgreiche Feldzüge in Germanien durch und besiegte dabei Arminius bei Idistaviso an der Weser.	43
Graecī, ōrum m.	die Griechen	25, 26, 29, 30, P 53
Graecia, ae f.	Griechenland	13, 16, P 53
Hannibal, Hannibalis m.	karthagischer Feldherr (246 – 183 v. Chr.), der mit seinen Truppen die Alpen überquerte und in Italien einmarschierte; brachte den Römern bei Cannae (216 v. Chr.) eine vernichtende Niederlage bei; wurde erst 202 v. Chr. von Publius Cornēlius Scīpiō Africānus māior bei → Zama besiegt.	23
Hector, Hectoris m.	Sohn des trojanischen Königs Priamus, den → Achilles im Zweikampf getötet hat.	30
Hierōnymus, ī m.	Kirchenlehrer und Heiliger (347 – 419/420 n. Chr.); lebte seit 396 in Bethlehem als Leiter eines Klosters. Seine größte Leistung war die lateinische Übersetzung der Bibel (Vulgata).	46
Hispānia, ae f.	Spanien; seit 198 v. Chr. römische Provinz	23, 59
Homērus, ī m.	Homer, größter Dichter der Griechen im 8. Jahrhundert v. Chr., unter dessen Namen die beiden Epen Ilias und Odyssee überliefert sind.	10
Īnsulae Fortūnātae	die Kanarischen Inseln (Canāriae)	59
Iocasta, ae f.	Iokaste, Ehefrau des → Lāius, Mutter des → Oedipus	27
Ītalia, ae f.	Italien	30, P 30
Iudaea, ae f.	römische Provinz im heutigen Südpalästina, von → Pompēius im Jahr 63 v. Chr. erobert	34

Iughurta, ae m.	König von Numidien (ca. 160–104 v. Chr.). Nach dem Tod seines Onkels, König Micipsa, übernahm er 118 v. Chr. die Herrschaft und ließ seine beiden Vettern, die unter dem Schutz Roms standen, ermorden. Die Römer erklärten ihm 111 v. Chr. den Krieg, der erst 105 v. Chr. durch → Marius beendet werden konnte.	32
Iūnō, Iūnōnis f.	Schwester und Ehefrau des → Iupiter, Schutzgöttin der Frauen	9
Iuppiter, Iovis m.	Jupiter, höchster Gott und Schützer des römischen Reiches. Entspricht in der griechischen Mythologie dem Göttervater Zeus.	6,9, 26, 30, P 30, P 45, 56
Karolus, ī m.	Karl der Große (ca. 747–814 n. Chr.); seit 768 König der Franken und seit 774 auch König der Langobarden. Er wurde Weihnachten 800 in Rom zum Kaiser gekrönt.	47, 55
Lāius, ī m.	König von Theben und Vater des → Oedipus	27
Lānuvium, ī n.	Stadt in → Latium, an der Via Appia, heute Cività Lavinia	33
Lāocoon, Lāocoontis m.	Priester, der die Trojaner davor warnte, das hölzerne Pferd in ihre Stadt zu ziehen.	29
Latium, ī n.	Landschaft in Mittelitalien, zwischen den Albaner- und den Sabinerbergen; Wohnsitz der Latiner	30
Leō, Leōnis m.	Papst Leo III. (ca. 750–816 n. Chr.); Papst von 795–816. Wurde 799 von seinen Gegnern in Rom schwer bedrängt und bat daher den mächtigen Frankenkönig → Karolus um Hilfe.	47
Lūcifer, Lūciferi m.	der „Lichtbringer“, urspr. Bezeichnung für den Morgenstern (die Venus); seit den Kirchenvätern eine Bezeichnung für den Teufel als eines vom Himmel gestürzten Engels.	P 49
Lȳdī, Lȳdōrum m.	die Lyder; Einwohner Lydiens, einer Landschaft im Westen Kleinasiens zwischen den Flüssen Hermos und Maiandros mit der Hauptstadt Sardes.	50
Māgna Graecia, ae f.	Großgriechenland; Bezeichnung für das Gebiet der griechischen Küstenstädte in Unteritalien und auf Sizilien	22, 26
C. Marius, ī m.	Caius Marius (157–86 v. Chr.), aus dem Ritterstand; wurde aufgrund seiner hervorragenden militärischen Fähigkeiten als homō novus 107 v. Chr. zum Konsul gewählt; bekleidete dieses Amt insgesamt siebenmal. Führte eine Reform des römischen Heeres durch und besiegte 105 v. Chr. den König → Iugurtha, 101 v. Chr. bei → Vercellae die Kimbern (→ Cimbrī).	32
Mārs, Mārtis m.	der römische Kriegsgott	P 15

Masinissa, ae m.	König von → Numidia, etwa 240–149 v. Chr.; sein Angriff auf → Carthagō löste 149 v. Chr. den dritten Punischen Krieg aus.	24
Maxentius, ī m.	Marcus Aurēlius Maxentius (um 278–312 n. Chr.), Sohn des Kaisers Maximian, wurde im Jahr 306 mit Unterstützung des römischen Senats zum Gegenkaiser Konstantins ausgerufen. Von Konstantin wurde er 312 in der Schlacht an der Milvischen Brücke (→ Mulvius pōns) besiegt.	40
Mediolānum, ī n.	Mailand	54
Menēnius Agrippa, ae m.	Konsul im Jahr 503 v. Chr., sorgte im Jahr 494 v. Chr. dafür, dass die Plebejer wieder in Stadt zurückkehrten.	14
Mercūrius, ī m.	Merkur, römischer Gott; Götterbote; Schutzpatron der Reisenden, der Kaufleute, aber auch der Diebe	6, P 30, P 45
Messāna, ae f.	Messina; Stadt auf Sizilien	22
Mexicum, ī n.	Mexiko (Stadt); Hauptstadt der Azteken unter ihrem König Montezuma (→ Mutezūma)	60
Milō, Milōnis m.	Volkstribun des Jahres 57 v. Chr. und Prätor des Jahres 55 v. Chr. Setzte sich für die Rückberufung Ciceros aus dem Exil ein und wurde dadurch zu einem erbitterten Gegner des → Clōdius, mit dem er sich zahlreiche Straßenkämpfe lieferte. Wurde wegen der Ermordung des Clodius angeklagt und von → Cicerō verteidigt.	33
Minerva, ae f.	Tochter des → Iuppiter, Göttin der Weisheit, der Künste und Wissenschaften, des Handwerks. Entspricht in der griechischen Mythologie der Göttin Athene.	6, 9, 29
Mithridātēs, Mithridātis m.	Mithridates VI. Eupator (120–63 v. Chr.), König von → Pontus, einer der größten Gegner Roms im Osten. Er wurde nach drei langen Kriegen im Jahr 63 v. Chr. von → Pompēius besiegt.	34
Mongālī, ōrum m.	die Mongolen; Nomadenvolk in Zentralasien, das im 13. Jahrhundert unter seinem Führer Dschingis Khan und dessen Sohn weite Eroberungszüge bis nach Westeuropa unternahm.	58
mōns Sacer, Sacri m.	der Heilige Berg; Hügel im Norden der Stadt Rom. Dorthin zogen im Jahr 494 v. Chr. die Plebejer, um ihren Forderungen Nachdruck zu verleihen.	14
Mūcius Scaevola	legendärer Held der Römer im Krieg gegen → Porsenna	21, P 25
Mulvius pōns, pontis m.	die Milvische Brücke über den Tiber an der Via Flaminia, nördlich von Rom. Hier fand im Jahr 312 die Schlacht zwischen den Kaisern Konstantin und Maxentius statt.	40

Mutezūma, ae m.	Montezuma II. (1465–1520), Herrscher der Azteken, der Cortés (→ Cortēsius) im Jahr 1519 in seiner Hauptstadt Tenochtitlán freundlich aufnahm, später aber von den Spaniern gefangen genommen und abgesetzt wurde.	60
Nerō, Nerōnis m.	Kaiser Nero (37–68 n. Chr.) ließ im Zusammenhang mit dem Brand Roms im Jahr 64 viele Christen als vermeintliche Brandstifter hinrichten. Im Jahr 68 wurde Nero bei einem Aufstand verschiedener Provinzstatthalter schließlich vom Senat zum Staatsfeind erklärt und beging Selbstmord. Mit Nero endete die julisch-claudische Dynastie.	39
Numīdīa, ae f.	Numidien; Land südlich von → Carthagō, im Gebiet des heutigen Ostalgerien	24
Oceanus, ī m.	der Ozean; römische Bezeichnung für die Nordsee und den Atlantischen Ozean westlich von Spanien und Frankreich	34, P 45
Octaviānus, ī m.	→ Augustus	36
Oedipus, ī m.	Sohn des → Lāius und der → Iocasta; wurde als Kind von seinen Eltern ausgesetzt. Durch ein unglückliches Orakel wurde er gegen seinen Willen zum Mörder seines Vaters. Als er die Stadt Theben vor der Bedrohung durch die Sphinx gerettet hatte, erhielt er ohne sein Wissen seine eigene Mutter zur Ehefrau.	27
Orpheus, ī m.	der berühmteste Sänger und Musiker der Antike. Sohn des thrakischen Königs Oiagros und der Muse Kalliope.	28
Ōstia, ae f.	Hafenstadt Roms an der Tibermündung	19
Ovidius, i m.	Ovid (43 v. Chr.–17/18 n. Chr.), römischer Ritter aus Sulmo bei Rom, wo er eine senatorische Laufbahn begann. Schon bald widmete er sich aber nur noch der Dichtkunst. Zu seinen wichtigsten Werken zählen die Liebesdichtungen Amores und ars amatoria und das Epos Metamorphosen. Im Jahr 8 n. Chr. wurde Ovid von → Augustus lebenslänglich nach Tomi am Schwarzen Meer verbannt. Die Gründe sind bis heute nicht geklärt. Über sein Schicksal in der Verbannung berichtet Ovid in seinen Gedichten Tristia und Epistulae ex Ponto.	37
Palātium, ī n.	der Palatin; einer der sieben Hügel Roms	11
Petrarca, ae m.	Francesco Petrarca (1304–1374), italienischer Dichter und Mitbegründer des Humanismus. In einem auf den 26.04.1336 datierten Brief beschreibt er, wie er mit seinem Bruder den Mont Ventoux in der Provence bestieg.	57

Platō, Platōnis m.	Platon (427–347 v. Chr.); Schüler des Sokrates (→ Sōcratēs); verließ nach dessen Tod (399 v. Chr.) für einige Jahre Athen. Gründete nach seiner Rückkehr 387 v. Chr. in Athen die Philosophenschule der Akademie. Verfasste seine Werke in Anlehnung an die Tätigkeit des Sokrates fast ausschließlich in Dialogform.	53
Plīnius, ī m.	Plinius der Jüngere (62–etwa 113 n. Chr.), geboren in → Cōmum; römischer Beamter und Schriftsteller. Konsul im Jahr 100; verwaltete seit 111 als kaiserlicher Statthalter die römische Provinz → Bīthȳnia und stand deswegen in regem Briefwechsel mit dem Kaiser → Trāiānus.	P 40; 54
Plūto, Plūtōnis m.	Bruder des Jupiter; König der Unterwelt und Ehemann der → Prōserpina	28
Phaedrus, ī m.	Phädrus, römischer Fabeldichter (ca. 15 v. Chr.–45 n. Chr.), Freigelassener des → Augustus. Begründete mit seinen fünf Büchern fabulae Aesopiae die Gattung der Fabel in Rom.	38
Poenī, ōrum m	die Punier; antiker Name der Karthager	23, 24
Polybius, ī m.	Polybios (ca. 200–120 v. Chr.), griechischer Geschichtsschreiber; kam 167 v. Chr. nach Rom; war eng befreundet mit → P. Cornēlius Scīpiō Africānus minor, dessen Lehrer er wurde.	31
Polybus, ī m.	König von → Corinthus	27
Pompēius, ī m.	Cnaeus Pompēius Māgnus (106–48 v. Chr.), römischer Feldherr und Politiker auf der Seite der Optimaten. Konsul im Jahr 70 v. Chr.; besiegte im Jahr 67 v. Chr. in kurzer Zeit die Seeräuber, danach den König → Mithridātēs von → Pontus und ordnete die römische Herrschaft in Kleinasien durch die Einrichtung neuer Provinzen. Schloss im Jahr 60 v. Chr. gemeinsam mit → Caesar und Crassus das Triumvirat, stellte sich aber im Bürgerkrieg (ab 49 v. Chr.) gegen Caesar und übernahm den Oberbefehl über die Truppen des Senats. 48 v. Chr. von Caesar bei Pharsalos geschlagen und auf der Flucht in Ägypten ermordet.	34
Pontus, ī m.	Königreich an der Nordküste Kleinasiens am Südostrand des Schwarzen Meeres. Nach dem Sieg des → Pompēius über → Mithridātēs wurde es römische Provinz.	34
Porsenna, ae m.	König der etruskischen Stadt Clusium; belagerte im Jahr 508 v. Chr. Rom.	21, P 25
Prōserpina, ae f.	Tochter der Ceres und des Jupiter; Königin der Unterwelt, die sie gemeinsam mit → Plūto regiert.	28
Pyrrhus, ī m.	König von → Epīrus (319/18–272 v. Chr.); setzte 280 v. Chr. auf Bitten der Einwohner der Stadt → Tarentum nach Italien über und führte Krieg gegen die Römer.	22

Pȳthia, ae f.	die Pythia, Priesterin des Gottes Apoll in Delphi	13
Rēmus, ī m.	Zwillingsbruder des → Rōmulus	11
Rhēnus, ī m.	der Rhein	P 45
Rōmulus, ī m.	sagenhafter Gründer Roms; Sohn des Gottes Mars und der Rea Silvia	11, 12
Rubicō, Rubicōnis	kleiner Fluss, der südlich von Ravenna in die Adria mündet. Er galt als natürliche Grenze zwischen → Italia und → Gallia Cisalpīna.	34
Sabīni, ōrum m.	die Sabiner; italischer Stamm in den Sabiner Bergen des Apennins	12
Sabīnus, ī m.	Legat im Heer Caesars; hatte im Winter 54/53 v. Chr. gemeinsam mit dem Legaten → Cotta ein Lager im Gebiet der Eburonen bezogen; geriet dort in einen Hinterhalt des → Ambiorix und wurde dabei getötet.	41
Sāturnus, ī m.	Saturn; altrömischer Gott der Saaten und des Ackerbaus; sein Tempel befand sich auf dem Forum.	P 10
Scīpiō, ōnis m.	Publius Cornēlius Scīpiō Africānus minor (ca. 185–129 v. Chr.); Konsul 147 und 134 v. Chr.; eroberte und zerstörte 146 v. Chr. im 3. Punischen Krieg Karthago. Freund und Schüler des griechischen Geschichtsschreibers → Polybius.	23, 31
Sicilia, ae f.	Sizilien; seit 238 v. Chr. erste römische Provinz	16, 19
Sinon, Sinōnis m.	Name des griechischen Helden, der die Trojaner überredete, das hölzerne Pferd als Weihegeschenk anzunehmen.	29
Sīsyphus, ī m.	sagenhafter König von Korinth; war so schlau, dass er sogar den Tod überlistete. Als Strafe dafür wurde er in der Unterwelt bestraft, ewig einen Felsblock auf eine Anhöhe zu wälzen, der aber jedes Mal wieder in die Tiefe rollt.	56
Sōcratēs, Sōcratis m.	469–399 v. Chr.; griechischer Philosoph, der 399 v. Chr. zum Tode verurteilt wurde, weil er angeblich die Jugend verdorben habe. Er beschäftigte sich als einer der ersten mit den Grundfragen der Ethik und versuchte, durch unbeirrbares Fragen im Gespräch mit seinen Dialogpartnern zu sicheren Erkenntnissen zu gelangen.	51, 53
Solōn, Solōnis m.	athenischer Staatsmann und Dichter; ca. 640–560 v. Chr., einer der Sieben Weisen, der 594/93 v. Chr. mit der Neuordnung der athenischen Verfassung beauftragt wurde. Nach dieser Reform begab er sich angeblich auf eine zehnjährige Reise, auf der u.a. mit dem Lyderkönig → Croesus zusammentraf.	50
Sphinx, Sphingis f.	die Sphinx; ein Ungeheuer mit dem Körper eines geflügelten Löwen und dem Kopf einer Frau. Sie bedrohte die Stadt Theben, indem sie alle Menschen, die ihr Rätsel nicht lösen konnten, fraß.	28

Syrācūsae, ārum f.	Syrakus; Stadt auf der Insel Sizilien (→ Sicilia)	22
Syria, ae f.	Syrien; im Jahr 64 v. Chr. von → Pompēius zur römischen Provinz gemacht.	34
Tacitus, ī m.	der bedeutendste römische Geschichtsschreiber (55–120 n.Chr.); Freund des jüngeren → Plīnius.	54
Tarentīnī, ōrum m.	die Tarentiner; Einwohner der Stadt → Tarentum	22
Tarentum ī n.	Tarent; Stadt in Unteritalien	22
Tarquinius Superbus, ī m.	der Sage nach siebter und letzter König Roms; von → Brūtus im Jahr 510 v. Chr. aus der Stadt vertrieben.	13
Tartarus, ī m.	der Tartarus, die Unterwelt	28, 56
Thēbae, ārum f.	Theben, Stadt in Böotien (Griechenland)	27
Thēbānī, ōrum m.	die Thebaner, die Einwohner der Stadt Theben	28
Tiberis, Tiberis m.	der Tiber	40
Tiberius, ī m.	Tiberius Iulius Caesar Augustus (42 v.–37 n. Chr.), römischer Kaiser seit 14 n. Chr.	18
Tigrānēs, is m.	Tigranes I. (95–ca. 55 v. Chr.), König von Armenien; verbündet mit → Mithridātēs VI. von Pontus.	34
Trāiānus, ī m.	Marcus Ulpius Trāiānus (53–117 n. Chr.); stammte aus einer Senatorenfamilie aus Itālica (Spanien); Konsul im Jahr 91, danach Statthalter in Obergermanien (97). Im selben Jahr von Kaiser Nerva adoptiert, dessen Nachfolger er im Jahr 98 wurde. Durch die Eroberungen Trajans erreichte das imperium Rōmānum seine größte Ausdehnung. Sein Briefwechsel mit → Plīnius gibt einen Einblick in die Probleme der römischen Provinzialverwaltung zu Beginn des 2. Jahrhunderts.	P 40
Trōia, ae f.	Troja, heute Hisarlık. Antike Stadt im Nordwesten Kleinasiens, wo der sagenhafte Krieg zwischen den Griechen und den Trojanern stattgefunden haben soll.	29, 30
Trōiānī, ōrum m.	die Trojaner, Einwohner der Stadt Troja	29, 30, P 30
Ulixes, Ulixis m.	Lateinischer Name des Odysseus. König von Ithaka, der am Krieg vor → Trōia teilnahm und nach einer zehnjährigen Irrfahrt nach Hause zurückkehrte.	29

Vārus, ī m.	Publius Quīntīlius Vārus (47/46 v.–9 n. Chr.), Konsul 13 v. Chr.; seit dem Jahr 6 n. Chr. römischer Statthalter in Germanien; wurde im Jahr 9 n. Chr. mit seinen drei Legionen vom Cheruskerfürsten → Arminius im Teutoburger Wald vernichtend geschlagen und beging daher Selbstmord.	42
Venus, Veneris f.	die Göttin der Liebe und der Schönheit. Mutter des Trojaners → Aenēās. Entspricht in der griechischen Mythologie der Göttin Aphrodite.	P 15, 30
Vercellae, ārum f.	Vercelli, Ort in der Nähe des heutigen Ferrara (Oberitalien). Dort fand im Jahr 101 v. Chr. die entscheidende Schlacht gegen die Kimbern statt, die nach Norditalien eingedrungen waren.	32
Vergilius, ī m.	Vergil (70–19 v. Chr.); römischer Dichter und Verfasser des römischen Epos Aeneis.	10
Vesta, ae, f.	die Göttin des Herdfeuers	P 10
Vetūria, ae f.	Mutter des → Coriolānus	15
Vīsurgis, is m.	die Weser	43
Volscī, ōrum	die Volsker, italischer Volksstamm in Latium	15
Volumnia, ae f.	Ehefrau des → Coriolānus	15
Zama, ae f.	Stadt in Nordafrika; hier besiegte → Publius Cornēlius Scīpiō Africānus māior 202 v. Chr. die Truppen des → Hannibal.	23

Vokabelverzeichnis (Lektionen 1 – 60)

(Angegeben ist jeweils die Lektion, in der die Vokabel erstmals auftritt.
Hinweis: P 15 = Plateaulektion nach Lektion 15 etc.)

ā, ab (Präp. mit Abl.)	von, von ... her	9
abdūcere, abdūcō, abdūxī, abductum	wegführen, abbringen	15, P 15, 37
abesse, absum, āfuī	abwesend sein, entfernt sein, fehlen	14, 16
nōn multum āfuit, quīn (mit Konj.)	es hätte nicht viel daran gefehlt, dass	53
abicere, abiciō, abiēcī, abiectum	wegwerfen, niederlegen	41
abīre, abeō, abiī	weggehen	26
absolvere, absolvō, absolvī, absolūtum	(jemanden) loslösen, freisprechen	47
crīminibus absolvere	(jemanden) von den Vorwürfen freisprechen	47
ac profectō	und wirklich; und tatsächlich	21
accēdere, accēdō, accessī, accessum	herantreten, hinzukommen	35, 37
ad rem pūblicam accedere	sich politisch betätigen	53
accidere, accidit, accidit	geschehen, sich ereignen	40
accipere, accipiō, accēpī, acceptum	annehmen, aufnehmen	22, P 25, 38
accūsāre	anklagen	8
incendiī accūsāre	(jemanden) der Brandstiftung anklagen	39
ācer, ācris, ācre	scharf, heftig, eifrig	20
ācrī animō	mit Begeisterung	20
aciēs, aciēi f.	die Schlacht(reihe); die Schärfe	40
ad (Präp. mit Akk.)	zu, bis zu, bei	9
addere, addō, addidī, additum	hinzufügen, ergänzen	19, P 20, 39
addūcere, addūcō, addūxī, adductum	heranführen, veranlassen	57
adesse, adsum, affuī	da sein; mit Dativ: (jemandem) helfen	7, 16
adhibēre, adhibeō, adhibuī, adhibitum	anwenden, hinzuziehen	12, P 15, 40
amīcum ad convīvium adhibēre	den Freund zu einem Gastmahl einladen	50
adhūc (Adv.)	bisher, bis jetzt	8
adīre, adeō, adiī	herangehen, aufsuchen, angreifen	20, P 20

adiuvāre, adiuvō, adiūvī, adiūtum (mit Akk.)	(jemanden) unterstützen, (jemandem) helfen	5, P 15, 43
administrāre	verwalten, leiten	53
adulēscēns, adulēscentis m.	der junge Mann (zwischen 18 und 25 Jahren)	21
adventus, adventūs m.	die Ankunft	41
adversārius, ī m.	der Gegner, Feind	10
adversus, a, um	entgegengesetzt, feindlich	30
aedificāre	bauen, erbauen	8
aedificium, ī n.	das Gebäude	8
aeger, aegra, aegrum	krank, erschöpft	20
aes, aeris n. aes aliēnum	das Geld, das Erz die Schulden	14
aestimāre	(ein) schätzen, beurteilen	50
parvī (māgnī) aestimāre	gering (hoch) schätzen	50
aetās, aetātis f.	Lebensalter, Zeitalter, Zeit	52
afferre, afferō, attulī, allātum	herbeitragen, hinzufügen	26, 38
afficere, afficiō, affēcī, affectum	(mit etwas) versehen, behandeln	35, 38
cūrīs afficere	(jemanden) in Sorge versetzen; (jemandem) Sorgen bereiten	35
suppliciō afficere	(jemanden) hinrichten, mit dem Tode bestrafen	39
summō timōre afficī	von größter Furcht befallen werden; sich sehr fürchten	48
ager, agrī m.	der Acker, das Feld	14
agere, agō, ēgī, actum	handeln, verhandeln, betreiben	11, P 15, 37
id agere, ut (mit Konjunktiv)	sich darum kümmern, dass	30
Sāturnālia agere	die Saturnalien feiern	17
aggredī, aggredior, agressus sum	herangehen, angreifen	58
āgmen, āgminis n.	der Heereszug	18
alere, alō, aluī	ernähren, großziehen	27
aliēnus, a, um	fremd, ausländisch	54
aliquandō (Adv.)	irgendwann, einst	13
aliquis, aliquid (substantivisch)	irgendeiner, irgendetwas	46

aliquī, aliqua, aliquod (adjektivisch)	irgendeiner	46
alius, alia, aliud	ein anderer	21
alter, altera, alterum	der eine (von zweien), der andere	34
altitūdō, altitūdinis f.	die Höhe, die Tiefe	57
altus, a, um	hoch, tief	8
amāre	lieben, gern haben	4
ambō, ambae, ambō	beide (zusammen)	43
ambulāre	spazieren gehen	2
amīca, ae f.	die Freundin	26
amīcitia, ae f.	die Freundschaft	38
amīcus, ī m.	der Freund	2
āmittere, āmittō, āmīsī, āmissum	verlieren	22, P 25, 37
amoenus, a, um	schön, lieblich, hübsch	20
amor, amōris m.	die Liebe	49
amplus, a, um	weit, groß; großartig, prächtig	18
an	oder (in der Frage)	15
angustus, a, um	eng, schwierig	57
animadvertere, animadvertō, animadvertī, animadversum	wahrnehmen, bemerken	41
animal, animālis n., Abl. Sg. animālī; Nom./ Akk. Pl. animālia, Gen. Pl. animālium	das Tier, Lebewesen	38
animus, ī m.	das Herz, der Sinn, der Mut, der Geist	15
bonō animō esse	guten Mutes sein	30
annus, ī m.	das Jahr	12
ante (Präp. mit Akk.)	vor	9
anteā (Adv.)	früher, vorher	13
antīquus, a, um	alt	8
aperīre, aperiō, aperuī, apertum	öffnen, aufdecken	29, 40
appārēre, appāreō, appāruī	erscheinen, auftauchen, sich zeigen	5, 13, P 15
appellāre	nennen, ansprechen, ernennen zu	36
apportāre	herbeitragen, herbeischaffen	3
appropinquāre	sich nähern, herankommen	1

apud (Präp. mit Akk.)	bei	45
aqua, ae f.	das Wasser	4
āra, ae, f.	der Altar	9
arcēre, arceō, arcuī	fernhalten, abwehren	10, 14, P 15
arcessere, arcessō, arcessīvī, arcessitum	(jemanden) herbeiholen, herbeikommen lassen	27, 41
ārdēre, ārdeō, ārsī	brennen, entbrannt sein	20, P 20
arēna, ae f.	der Sand, die Arena, der Kampfplatz	16
arma, ōrum n.	die Waffen	11
ars, artis f.	die Kunst, Fertigkeit	53
ascendere, ascendō, ascendī, ascēnsum	besteigen; hinaufsteigen, emporsteigen	18, P 20, 42
asper, aspera, asperum	rau, schroff, mühsam	23
at	aber, jedoch	39
atque, ac	und (dazu); und auch	17
ātrium, ī n.	die Eingangshalle (das Atrium)	4
auctor, auctōris m.	der Urheber, Ratgeber; der Schriftsteller	46
pontifice auctōre (Abl. abs.)	auf Veranlassung des Papstes	47
auctōritās, auctōritātis f.	das Ansehen, der Einfluss, die Macht	34
audācia, ae f.	die Kühnheit, der Wagemut	10
audāx, audācis	waghalsig, kühn, furchtlos	22
audēre, audeō, ausus sum	wagen	59
audīre, audiō, audīvī, audītum	hören	3, 13, P 15, 39
auferre, auferō, abstulī, ablātum	wegtragen, wegbringen	26, 38
augēre, augeō, auxī, auctum	vermehren, vergrößern, fördern	34, 41
aurum, ī n.	das Gold	59
aut	oder	31
aut ... aut	entweder ... oder	15
autem (Adv.; nachgestellt)	aber	3
auxilium, ī n.	die Hilfe, Unterstützung	11
auxilium ā deīs petere	die Götter um Hilfe bitten	11
amīcō auxiliō venīre	dem Freund zu Hilfe kommen	47

avāritia, ae f.	die Habgier, der Geiz	45
avē!	sei gegrüßt!; lebe wohl!	18
avia, ae f.	die Großmutter	20
avis, is f.	der Vogel	59
avus, ī m.	der Großvater	20
barbarus, a, um	ausländisch, fremd; ungebildet; grausam	32
barbarus, ī m.	der Ausländer; Barbar	32
beatus, a, um	glücklich; reich	50
bellum, ī n.	der Krieg, Kampf	14
bene (Adv.)	gut	17
bestia, ae f.	das wilde Tier	49
bibere, bibō, bibī	trinken	17, P 20
bonus, a, um	gut, tüchtig	7
brevis, breve	kurz, klein	22
brevī tempore revertī	nach (in) kurzer Zeit zurückkehren	59
caedere, caedō, cecīdī, caesum	fällen, niederhauen, töten	33, 39
caedēs, caedis f.	das Morden, das Blutbad	42
caelum, ī n.	der Himmel	11
calamitās, calamitātis f.	das Unglück, die Niederlage	13
calamitātem inferre	(jemandem) Unglück bringen, (jemanden) ins Unglück stürzen	27
callidus, a, um	schlau, gewitzt	13
canere, canō, cecinī	singen; ertönen	39
canis, canis m.	der Hund	52
capere, capiō, cēpī, captum	fassen, ergreifen, erobern	11, P 15, 38
arma capere	die Waffen ergreifen, zu den Waffen greifen	11
cōnsilium capere	einen Plan fassen	11
Capitōlium, ī n.	das Kapitol (einer der sieben Hügel Roms mit dem Tempel Jupiters)	9
captīvus, ī m.	der (Kriegs)Gefangene	8
caput, capitis n.	der Kopf; die Hauptstadt	47
carēre, careō, caruī (mit Abl.)	(etwas) entbehren, (etwas) nicht haben	8, P 15
carmen, carminis n.	das Lied, Gedicht	28

castra, ōrum n. (Pluralwort)	das Lager	15
cāsū (Adv.)	aus Zufall, zufällig	27
causa, ae f.	die Angelegenheit, der Sachverhalt; der Grund, die Ursache; der Prozess	17
quā dē causā	aus diesem Grund, daher	51
celebrāre	feiern	6
celer, celeris, celere	schnell	20
cēna, ae f.	das Essen, die Mahlzeit	4
cēnāre	essen, speisen	2
centum (indekl.)	hundert	7
certē (Adv.)	sicher, gewiss	27
certus, a, um	sicher, gewiss	31
cessāre	zögern, sich nicht beeilen	1
cēterī, ae, a	die übrigen	7
cibus, ī m.	die Speise, Nahrung; Plur.: die Lebensmittel	4
circumdare, circumdō, circumdedī, circumdatum	umgeben, herumlegen	11, P 20, 37
circumvenīre, circumveniō, circumvēnī, circumventum	umzingeln; umgeben	41
circus, ī m.	der Zirkus, die Rennbahn	6
cīvīlis, cīvīle	bürgerlich, Bürger-	34
cīvis, cīvis m.	der Bürger	18
cīvitās, cīvitātis f.	die Bürgerschaft, der Staat	13
clādēs, clādis f.	die Niederlage	22
clam (Adv.)	heimlich	13
clāmāre	schreien, laut rufen	5
clāmor, clāmōris m.	das Geschrei	12
clārus, a, um	hell, klar, berühmt	9
cōgere, cōgō, coēgī, coāctum	zusammenbringen; zwingen	23, P 25, 37
cōgitāre	denken, überlegen	13
cōgnōscere, cōgnōscō, cōgnōvī, cōgnitum	kennenlernen, erkennen	16, P 20, 42
linguam Latīnam cōgnōscere	die lateinische Sprache erfassen, erlernen	55

cohors, cohortis f.	die Kohorte (10. Teil einer Legion)	41
colere, colō, coluī, cultum	bebauen, pflegen, verehren	14, P 15, 39
agrōs colere	die Äcker bebauen	14
deōs colere	die Götter verehren	14
collis, collis m.	der Hügel	57
collocāre	aufstellen, errichten	40
castra collocāre	ein Lager aufstellen, errichten	40
comes, comitis m.	der Gefährte, Begleiter	30
commemorāre	in Erinnerung rufen, erwähnen	31
committere, committō, commīsī, commissum	zusammenbringen, übergeben, anvertrauen	34, 37
bellum committere	einen Krieg beginnen	34
proelium committere	eine Schlacht beginnen	40
scelus committere	ein Verbrechen begehen	36
commodus, a, um	angemessen, günstig, angenehm	57
commovēre, commoveō, commōvī, commotum	bewegen, antreiben, erregen, erschüttern	31, 37
comparāre (cum)	erwerben, (vor)bereiten; vergleichen (mit)	34
comperīre, comperiō, comperī, compertum	erfahren	19, P 20, 40
complēre, compleō, complēvī, complētum	anfüllen, erfüllen, vollenden	32, 41
complūrēs, complūrium	mehrere, ziemlich viele	22
comprehendere, comprehendō, comprehendī, comprehensum	erfassen, ergreifen, verhaften	39
condere, condō, condidi, conditum	gründen, erbauen; aufbewahren, verbergen	11, P 20, 39
oppidum condere	eine Stadt gründen	11
condiciō, condiciōnis f.	die Bedingung, Lage	28
condiciōnem pōnere	(jemandem) eine Bedingung stellen, auferlegen	28
condūcere, condūcō, condūxī, conductum	zusammenführen; anwerben, mieten	54
cōnferre, cōnferō, cōntulī, cōllātum	zusammentragen; vergleichen	54
pecūniam cōnferre	Geld sammeln	54
sē cōnferre	sich (wohin) begeben	30

cōnficere, cōnficiō, cōnfēcī, cōnfectum	zustande bringen, vollenden; aufreiben	36, 38
bellum cōnficere	einen Krieg beenden	36
cōnfīdere, cōnfīdō, cōnfīsus sum	(jmd.) vertrauen	59
cōnfirmāre	stärken, (be)festigen; (fest) versichern	40
conicere, coniciō, coniēcī, coniectum	schleudern, werfen; vermuten	41
coniungere, coniungō, coniūnxī, coniūnctum	verbinden, vereinigen	44
coniūnx, coniugis m./f.	der Ehemann / die Ehefrau	37
coniūrātiō, coniūrātiōnis f.	die Verschwörung	44
conscrībere, conscrībō, conscrīpsī, conscrīptum	in eine Liste eintragen, verfassen	23, P 25, 37
cōpiās conscrībere	Truppen ausheben	23
cōnsequī, cōnsequor, cōnsecutus sum	erreichen, einholen	58
cōnservāre	bewahren, erhalten; retten	31
cōnsīdere, cōnsīdō, cōnsēdī	sich niederlassen, sich setzen	26
cōnsilium, ī n.	der Rat, Plan, Beschluss	11
cōnsistere, cōnsistō, cōnstitī	sich hinstellen, haltmachen	28
cōnspicere, cōnspiciō, cōnspexī, cōnspectum	erblicken, ansehen	52
constat	es steht fest, es ist bekannt	19
cōnstituere, cōnstituō, cōnstituī, constitutum	festsetzen, beschließen	27, 42
cōnsul, cōnsulis m.	der Konsul	22
cōnsulātus, cōnsulātūs m.	das Konsulat	32
cōnsulere, cōnsulō, cōnsuluī, cōnsultum	(mit Akk.) jemanden um Rat fragen (mit Dat.) für jemanden sorgen	13, P 15, 32, 43
cōntendere, cōntendō, cōntendī, cōntentum	sich anstrengen; eilen; kämpfen; behaupten	11, P 20, 41, 53
dē rēgnō contendere	um die Herrschaft kämpfen	11
contingere, contingit, contigit	gelingen, zuteil werden	40
contrā (mit Akk.)	gegen	24
convenīre, conveniō, convēnī, conventum	zusammenkommen; mit Akk.: (jemanden) treffen	7, P 15, 39
amīcōs convenīre	die Freunde treffen, mit den Freunden zusammenkommen	7
in forum convenīre	auf dem Forum zusammenkommen	18
convertere, convertō, convertī, conversus	umdrehen, (hin)wenden	55

convīva, ae m.	der Gast	4
convīvium, ī n.	das Gastmahl, Festessen	4
convocāre	zusammenrufen	29
cōpia, ae f.	die Menge (im Plural: Truppen)	6
cōpia equōrum	eine Menge Pferde	6
cor, cordis n.	das Herz, das Gemüt, die Seele	60
corpus, corporis n.	Körper	14
corrumpere, corrumpō, corrūpī, corruptum	verderben, bestechen	22, P 25, 43
creāre	verursachen, erschaffen, wählen	31
crēdere, crēdō, crēdidī, crēditum	glauben; (an)vertrauen	17, P 20, 39
in Chrīstum crēdere	an Christus glauben	49
crēscere, crēscō, crēvī	wachsen	22, P 25
crīmen, crīminis n.	die Anklage, der Vorwurf; das Verbrechen	39
crīminī dare	(jemandem etwas) zum Vorwurf machen	39
crūdēlis, crūdēle	grausam	39
crux, crucis f.	das Kreuz	48
cum (Präp. mit Abl.)	mit, zusammen mit	10
cum (Subjunktion mit Indikativ)	immer wenn; sooft	32
cum (Subjunktion mit Indikativ)	(damals) als; (dann) wenn	23
cum (Subjunktion mit Indikativ)	als (plötzlich)	28
cum (Subjunktion mit Konjunktiv)	als, nachdem; weil; während (dagegen)	33
cupere, cupiō, cupīvī, cupītum	wünschen, begehren	11, P 15, 39
cupiditās, cupiditātis f.	die Begierde, das Verlangen	50
cupidus, a, um (mit Gen.)	(be)gierig (nach etwas)	45
cupidus proeliī	kampfeswütig	45
cūr?	warum?	1
cūra, ae f.	die Sorge	5
cūrāre	besorgen, sorgen für	40
currere, currō, cucurrī	eilen, laufen, rennen	17, P 20
currus, currūs m.	der Wagen	33
cursus, cursūs m.	der Lauf; die Bahn; die Laufbahn	32

cursum tenēre	den Kurs halten	53
dare, dō dedī, datum	geben	7, 17, P 20, 37
facultātem dare	(jemandem) die Möglichkeit geben	43
dē (Präp. mit Abl.)	von; von ... herab; über	9
dea, ae f.	die Göttin	6
debēre, debeō, debuī, debitum	müssen	3, P 15, 40
dēcernere, dēcernō, dēcrēvī, dēcrētum	entscheiden, beschließen	35, 41
dēcipere, dēcipiō, dēcēpī,dēceptum	täuschen, betrügen, hintergehen	42
dēdere, dēdō, dēdidī, dēditum	übergeben, ausliefern	43
sē dēdere	sich ergeben, kapitulieren	43
dēesse, dēsum dēfuī	fehlen, nicht vorhanden sein	16
dēfendere, dēfendō, dēfendī, dēfensum	verteidigen	18, P 20, 42
amīcum ā bestiā dēfendere	den Freund vor dem wilden Tier verteidigen	49
dēferre, dēferrō, dētulī, dēlātum	(hinab)tragen, -bringen, darbieten	34, 38
cōnsulātum dēferre	(jemandem) das Konsulat übertragen	34
dēficere, dēficiō, dēfēcī, dēfectum	abnehmen, fehlen; abfallen	42
animō dēficere	den Mut sinken lassen, mutlos werden	42
deinde (Adv.)	dann, darauf; ferner	17
dēlectāre	erfreuen	36
dēlēre, dēleō, dēlēvī, dēlētum	vernichten, zerstören	10, P 15, 39
dēligere, dēligō, dēlēgī, dēlēctum	auswählen	54
dēmōnstrāre	(auf)zeigen, darlegen	8
dēmum (Adv.)	endlich; erst	41
dēnique (Adv.)	schließlich, endlich	11
dēpōnere, dēpōnō, dēposuī, dēpositum	niederlegen, aufgeben	15, P 15, 41
dēscendere, dēscendō, dēscendī	herabsteigen	41
dēserere, dēserō, dēseruī, dēsertum	verlassen, im Stich lassen	30, 43
dēsīderāre	wünschen, verlangen; vermissen	18
dēsilīre, dēsiliō, dēsiluī	herabspringen, hinabspringen	33

dēsinere, dēsinō, dēsiī	(mit etw.) aufhören	51
dēspērāre	verzweifeln, die Hoffnung aufgeben	21
deus, ī m.	der Gott	6
dēvincere, dēvincō, dēvicī, dēvictum	(völlig) besiegen	32, 43
dexter, dext(e)ra, dext(e)rum	rechts; günstig	9
dext(e)ram iungere	die (rechte) Hand geben	35
dīcere, dīcō, dīxī, dictum	sagen, sprechen; mit dopp. Akk.: (jemanden) ernennen zu	15, P 15, 31, 39
diēs, diēī m., f.	der Tag, f.: der Termin	29
difficilis, difficile	schwierig, schwer (zu tun)	44
dīligēns, dīligentis	gewissenhaft, sorgfältig	50
dīligenter referre	genau berichten	54
dīmittere, dīmittō, dīmisī, dīmissum	entsenden, entlassen, aufgeben	15, P 15
discēdere, discēdō, discessī, discessum	auseinandergehen, weggehen	31, 37
ē vītā discedere	sterben	31
discere, discō, didicī	lernen	53
disciplīna, ae f.	die Disziplin, Ordnung	32
discipulus, ī m.	der Schüler	10
discordia, ae f.	die Zwietracht, Uneinigkeit	36
disserere, disserō, disseruī	sprechen über, erörtern	29
diū (Adv.)	lange	1, 51
dīves, dīvitis	reich	45
dīvidere, dīvidō, dīvīsī, dīvīsum	trennen, teilen, verteilen	38
dīvīnus, a, um	göttlich	40
dīvitiae, ārum f.	der Reichtum	24
docēre, doceō, docuī, doctum	lehren, unterrichten	38
doctus, a, um	gelehrt, gebildet	55
dolēre, doleō, doluī	Schmerzen empfinden, traurig sein	26
dolor, dolōris m.	der Schmerz	12
dolus, ī m.	die List	12
dolum adhibēre	eine List anwenden	12
domī	zu Hause	35
domina, ae f.	die Herrin, Ehefrau	1

dominus, i m.	der Herr, Hausherr	1
domō (Abl.)	von zu Hause	56
domum (Akk.)	nach Hause	33
domus, domūs f.	das Haus, Gebäude	33
donum, ī n.	das Geschenk	9
dormīre, dormiō, dormīvī	schlafen	2, P 15
dubitāre	zweifeln, zögern	35
nōn dubitāre, quīn (mit Konj.)	zweifeln, dass	50
dūcere, dūcō, dūxī, ductum	führen, ziehen; mit dopp. Akk.: (jemanden) halten für	15, P 15, 31, 37
dulcis, dulce	süß, angenehm	49
dum (Subjunktion mit Ind. Präsens)	während	14
dum (Subjunktion mit Konjunktiv)	solange (bis)	56
dūrus, a, um	hart	56
dux, ducis m.	der Führer	23
ē, ex (Präp. mit Abl.)	aus, aus ... heraus	19
ecce!	siehe da! schau!	5
ēdūcere, ēdūcō, ēdūxī, ēductum	herausführen, herausziehen	33, 37
gladium ēdūcere	das Schwert zücken	33
efficere, efficio, effeci, effectum	bewirken, herstellen	51
effugere, effugiō, effūgī	entfliehen, entkommen	42
egēre, egeō, eguī (mit Abl.)	Mangel (an etwas) haben, etwas entbehren	14, P 15
egēre cibō	keine Nahrung haben	14
ego	ich	11
egrēgius, a, um	herausragend, hervorragend, ausgezeichnet	31
ēiusmodī	derartig	56
ēloquentia, ae f.	die Redekunst; die Beredsamkeit	8
ēloquentiae studēre	Redekunst studieren	25
emere, emō, ēmī, ēmptum	kaufen	16, P 20, 43
enim	denn, nämlich	3
epistula, ae f.	der Brief	5
equidem	(ich) allerdings, zumindest	39

equus, ī m.	das Pferd	6
ergō (Adv.)	folglich, also	19
ēripere, ēripiō, ēripuī, ēreptum	entreißen	12, P 15, 43
errāre	sich irren, herum irren	28
error, errōris m.	der Irrtum, die Irrfahrt	37
in errōrem indūcere	(jemanden) zu einem Fehler verleiten	37
esse, sum, fuī	sein	7, 13, P 15
et	und	1
et ... et	sowohl ... als auch	32
etiam	auch; sogar	1
etsī	auch wenn, obwohl	33
excēdere, excēdō, excessī, excessum	hinausgehen, weggehen; vergehen	46
ē vītā excēdere	aus dem Leben gehen, sterben	46
excitāre	aufwecken, antreiben	10
īram deōrum excitāre	den Zorn der Götter erregen	27
exclāmāre	aufschreien; ausrufen	37
exemplum, ī n.	das Beispiel, Vorbild	31
exercēre, exerceō, exercuī	üben, betreiben; quälen	54
exercitus, exercitūs m.	das Heer	32
exīre, exeō, exiī	herausgehen	20, P 20
exīstimāre	urteilen, meinen	35
expellere, expellō, expulī, expulsum	vertreiben, verbannen	40
explicāre	erklären, darlegen	2
expōnere, expōnō, exposuī, expositum	aussetzen, ausstellen	27, 41
expūgnāre	erobern	24
exspectāre	warten, (jemanden oder etwas) erwarten	1
fabula, ae f.	die Geschichte, Erzählung, Fabel	4
facere, faciō, fēcī, factum	machen, tun; mit dopp. Akk.: machen zu	20, P 20, 31, 38
bene facere, quod	gut daran tun, dass	42
faciēs, faciēī f.	das Gesicht, Aussehen, die Gestalt	29
facilis, facile	leicht, mühelos	42

factum, ī n.	die Tat; die Tatsache	31
facultās, facultātis f.	die Fähigkeit; die Möglichkeit	43
fallere, fallō, fefellī	täuschen, betrügen	36
falsus, a, um	falsch	45
famēs, famis f.	der Hunger	46
familia, ae f.	die Familie; die Hausgemeinschaft	1
familiāris, familiāris m.	der Vertraute, Freund	31
fatum, ī n.	der Götterwille; das Schicksal	50
favēre, faveō, fāvī (mit Dat.), fautūrum	(jemanden) begünstigen, (jemanden) fördern	34, 55
amīcō favēre	dem Freund günstig gesinnt sein, den Freund begünstigen	34
fēlīx, fēlīcis	glücklich	50
fēmina, ae f.	die Frau	9
ferē (Adv.)	ungefähr, fast, beinahe	34
ferre, ferō, tulī, lātum	tragen, bringen; ertragen; berichten	26, 38
lēgēs ferre	Gesetze beantragen	32
ferrum, ī n.	das Eisen; die Waffe	59
fessus, a, um	erschöpft, müde	7
fidēs, fidēī f.	die Treue, das Vertrauen, der Glaube	29
fidem habēre (m. Dativ)	(jemandem) vertrauen	29
fidus, a, um	treu, zuverlässig	7
fierī, fiō, factus sum	gemacht werden; geschehen; entstehen; werden	50
fīlia, ae f.	die Tochter	1
fīlius, i m.	der Sohn	1
fīnis, fīnis m.	das Ziel; das Ende; die Grenze, Pl.: das Gebiet	18
fīnem bellī facere	einen Krieg beenden	22
fīnitimus, a, um	benachbart; Substantiv: der Nachbar	12
flāgitium , ī n.	die Schandtat; die Gemeinheit	47
flectere, flectō, flexī, flexum	biegen, beugen, umstimmen	15, P 15, 42
animum Coriolānī flectere	Coriolan umstimmen	15
flēre, fleō, flēvī	weinen, beweinen	28, 41
flōs, flōris m.	die Blume, die Blüte	26

flūmen, flūminis n.	der Fluss	34
foedus, foederis n.	das Bündnis, der Vertrag	24
foedus facere	ein Bündnis schließen	44
amīcitiam foedusque inīre	ein Freundschaftsbündnis schließen	59
fōrma, ae f.	die Form, die Gestalt, die Schönheit	26
fortāsse (Adv.)	vielleicht	19
fortis, forte	tapfer, mutig	22
forte (Adv.)	zufällig; etwa	48
fortitūdō, fortitūdinis f.	die Tapferkeit, der Mut	32
fortūna, ae f.	das Schicksal, Glück	16
forum, ī n.	der Marktplatz (das Forum)	3
frāter, frātris m.	der Bruder	14
frequēns, frequentis	zahlreich, häufig besucht	60
frīgus, frīgoris n.	die Kälte, der Frost	37
frūmentum, i n.	das Getreide	3
frūstrā (Adv.)	vergeblich, umsonst	29
fuga, ae f.	die Flucht	30
fugāre	in die Flucht schlagen, vertreiben	10
fugere, fugiō, fūgī (mit Akk.)	(vor jemandem) fliehen	15, P 15
furor, furōris m.	die Wut, die Raserei	49
futūrus, a, um	zukünftig	35
gaudēre, gaudeō, gāvīsus sum	sich freuen	1, 59
gaudium, ī n.	die Freude	8
gens, gentis f. (Gen. Pl.: gentium)	das Geschlecht, der (Volks)Stamm	14
genus, generis n.	die Abstammung, Art; das Geschlecht	45
gerere, gerō, gessī, gestum	tragen, ausführen	14, 15, P 15, 40
bellum gerere	Krieg führen	14
rem pūblicam gerere	einen Staat regieren, leiten	53
gladius, ī m.	das Schwert	33
glōria, ae f.	der Ruhm, die Ehre	25
grandis, grande	groß, bedeutend	59

grātia, ae f.	die Anmut; das Ansehen; das Wohlwollen; der Dank	18
deīs grātiās agere	den Göttern Dank sagen, danken	18
gravis, grave	schwer	22
habēre, habeō, habuī, habitum	haben, halten; mit dopp. Akk.: (jemanden) halten für	14, P 15; 40
habitāre	wohnen, bewohnen	48
haerēre, haereō, haesī	hängen bleiben	56
herī (Adv.)	gestern	17
hīc (Adv.)	hier	2
hic, haec, hoc	dieser, diese, dieses	31
hiems, hiemis f.	der Winter, die Kälte	37
hinc (Adv.)	von hier; daher; daraufhin	37
hodiē (Adv.)	heute	2
homō, hominis, m.	der Mensch	13
honestus, a, um	angesehen, ehrenwert	55
honōs, honōris m.	die Ehre, das Ehrenamt	32
hōra, ae f.	die Stunde	12
hortārī, hortor, hortātus sum	ermahnen, ermuntern	58
hortus, ī m.	der Garten	2
hospes, hospitis m.	der Gast, der Gastfreund	50
hostis, hostis m.	der Feind; der Landesfeind	18
hūc (Adv.)	hierher	28
hūmānus, a, um	menschlich, gebildet	54
iacēre, iaceō, iacuī	liegen	35
iactāre	werfen, schleudern	58
iam (Adv.)	schon, bereits	1
ibi (Adv.)	dort	2
īdem, eadem, idem	derselbe, dieselbe, dasselbe	56
idōneus, a, um	geeignet, fähig	54
īgnārus, a, um (mit Gen.)	ohne Kenntnis (von etwas); unwissend (in etwas)	45
īgnārus terrae	ohne Kenntnis des Landes	45

īgnis, īgnis m.	das Feuer	21
īgnōrāre	nicht kennen	6
nōn īgnōrāre	gut kennen, genau wissen	6
īgnōtus, a, um	unbekannt	19
ille, illa, illud	jener, jene, jenes	31
imāgō, imaginis f.	das Bild, Abbild; Ahnenbild	31
immortālis, immortāle	unsterblich	28
impedīre, impediō, impedīvī, impedītum	hindern, verhindern	30, 40
amīcum impedīre, nē (mit Konjunktiv)	den Freund daran hindern, dass	30
imperāre	befehlen, einen Befehl erteilen, (be)herrschen	4
imperātor, imperatōris m.	der Oberbefehlshaber, Feldherr; der Kaiser	18
imperium, ī n.	die Herrschaft, das Herrschaftsgebiet, Reich	8
impetus, impetūs m.	der Ansturm, Angriff, der Drang	32
impetum in bestiam facere	das wilde Tier angreifen	49
implōrāre	anflehen	30
impōnere, impōnō, imposuī, impositum	auferlegen, einsetzen	47
imprīmīs (Adv.)	vor allem, besonders	22
improbus, a, um	schlecht, dreist, unanständig	38
in (Präp. mit Abl.)	in an, auf (wo?)	9
in (Präp. mit Akk.)	nach (wohin?)	13
inanis, inane	wertlos, leer	56
incendere, incendō, incendī, incensum	anzünden, entflammen	39
incendium, ī n.	der Brand, die Feuersbrunst	39
incipere, incipiō, coepī, coeptum	anfangen, beginnen	41
incitāre	antreiben, erregen	31
incola, ae **m.**	der Bewohner, Einwohner	59
incolumis, incolume	wohlbehalten, unverletzt	42
incrēdibilis, incrēdibile	unglaublich	29
inde (Adv.)	von dort; darauf; deshalb	57
indūcere, indūcō, indūxī, inductum	hineinführen; verleiten, veranlassen	37
infēlīx, infēlīcis	unglücklich	37
inferre, inferō, intulī, illātum	hineintragen	26, 38
īnfestus, a, um	feindlich, feindselig	11

ingenium, ī n.	die Begabung, das Talent	23
ingēns, ingentis	sehr groß, gewaltig, ungeheuer	22
ingredī, ingredior, ingressus sum	hineingehen, betreten	60
inimīcitia, ae f.	die Feindschaft	24
inimīcus, ī m.	der Gegner, (persönliche) Feind	32
initium, ī n.	der Anfang; der Beginn	45
inīre, ineō, iniī	hineingehen, beginnen	20, P 20
cōnsilium inīre	einen Entschluss fassen	20
iniūria, ae f.	das Unrecht; die Ungerechtigkeit	8
iniūstus, a, um	ungerecht	53
inquam (eingeschoben)	sag(t)e ich	51
inquit (eingeschoben)	sagt(e) er	21
īnsidiae, ārum f.	der Hinterhalt	16
īnsidiās parāre	einen Hinterhalt legen, eine Falle stellen	16
insīgnis, e	kennzeichnend, auffallend	57
instāre, instō, institī	bevorstehen, drohen	13, P 20
īnstituere, īnstituō, īnstituī, īnstitūtum	anfangen; errichten; unterrichten	54
īnstruere, īnstruō, īnstruxī, īnstrūctum	aufstellen; ausrüsten; unterrichten	40
aciem īnstruere	eine Schlachtreihe aufstellen	40
īnsula, ae f.	die Insel	26
intellegere, intellegō, intellexī, intellectum	erkennen, begreifen	19, P 20, 39
inter (Präp. mit Akk.)	zwischen, unter	23
interesse, intersum, interfuī (m. Dat.)	(an etwas) teilnehmen	16
interficere, interficiō, interfēcī, interfectum	töten	33, 38
interīre, intereō, interiī, interitum	untergehen, zugrunde gehen, umkommen	55
interrogāre	fragen	58
intrā (Präp. mit Akk.)	innerhalb (von)	40
intrāre	eintreten, betreten	1
invenīre, inveniō, invēnī, inventum	finden, erfinden	27, 39
invītāre	einladen	12
invītus, a, um	ungern, gegen den Willen	56
ipse, ipsa, ipsum	selbst	38

īra, ae f.	der Zorn, die Wut	15
īram plēbī movēre	beim Volk Zorn erregen	15
īrātus, a, um	zornig, erzürnt	11
īre, eō, iī	gehen	20
is, ea, id	dieser, diese, dieses; er, sie; es	18
iste, ista, istud	dieser (da)	38
ita (Adv.)	so	15
itaque	daher, deshalb	7
iter, itineris n.	die Reise, der Weg, Marsch	20
iterum (Adv.)	wiederum, zum zweiten Mal	31
iterum atque iterum (Adv.)	immer wieder	5
iubēre, iubeō, iussī, iussum (m. Akk)	(jemandem) befehlen	21, P 25, 37
iūcundus, a, um	erfreulich, angenehm	7
iungere, iungō, iūnxī, iūnctum	verbinden, vereinigen	35, 42
Iuppiter, Iovis, Iovī, Iovem, ā Iove	Jupiter	30
iūs, iūris n.	das Recht	14
iussu (Abl.)	auf Befehl	39
iūstitia, ae f.	die Gerechtigkeit	25
iūstus, a, um	gerecht	53
iuvenis, iuvenis m.	der junge Mann	53
labor, labōris m.	die Arbeit, Anstrengung, Mühe	17
labōrāre	arbeiten, sich anstrengen	2
lacessere, lacessō, lacessīvī, lacessitum	reizen, herausfordern	11, P 15, 41
lacrima, ae f.	die Träne	15
laedere, laedō, laesī, laesum	verletzen, beschädigen	47
laetus, a, um	froh, freudig, fröhlich; beglückend	17
laudāre	loben	4
lectus, ī m.	die Liege, das Bett; das Speisesofa	4
lēgātus, ī m.	der Gesandte; der Legat (Offizier)	15
legere, legō, lēgī, lēctum	lesen; sammeln, auswählen	48
legiō, legiōnis f.	die Legion	18

leō, leōnis m.	der Löwe	38
lēx, lēgis f.	das Gesetz	32
libellus, ī m.	das Schriftstück, Heft; das kleine Buch	5
libenter (Adv.)	gern	4
līber, lībera, līberum	frei	44
liber, librī m.	das Buch	38
līberāre	(von etwas) befreien	8
līberī, ōrum m.	die Kinder	10
lībertās, ātis f.	die Freiheit	17
licentia, ae f.	die Zügellosigkeit, die Ausgelassenheit; die Willkür	17
licet, licuit	es ist erlaubt	11, P 15
lingua, ae f.	die Rede, Sprache	55
littera, ae f.	der Buchstabe; Plur.: das Schriftstück; das Schreiben	5
litterae, ārum f.	der Brief; die Wissenschaft(en); die Literatur	55
lītus, lītoris n.	die Küste, der Strand	26
loca, ōrum n.	die Orte; die Gegend	42
locus, ī m.	der Ort, Platz, die Stelle	11
longus, a, um	lang, ausgedehnt, weit	20
loquī, loquor, locūtus sum	sprechen, reden	58
lūctus, ūs m.	die Trauer	37
lūdere, lūdō, lūsī, lusum	spielen	17, P 20, 42
lūdus, ī m.	das Spiel; das Schauspiel; die Schule	6
lūdō praeesse	eine Schule leiten	16
sē lūdō dare	sich dem Spiel hingeben	17
lūx, lūcis f.	das Licht, Tageslicht	28
ante lucem	vor Tagesanbruch	37
luxuria, ae f.	der Überfluss, die Genusssucht, die Verschwendung	52
magis (Adv.)	mehr	48
magister, magistrī m.	der Lehrer	10
magistrātus, magistrātūs m.	der Beamte; das Amt	32

magistrātum gerere	ein Amt bekleiden	55
māgnitūdō, māgnitūdinis f.	die Größe, Bedeutung	32
ingentis māgnitūdinis esse	sehr groß sein	59
māgnus, a, um	groß	7
maiestās, maiestātis f.	die Erhabenheit, Würde, Größe	26
māiōrēs, māiōrum m.	die Vorfahren	25
malle, mālō, māluī	lieber wollen, vorziehen	22, P 25
malus, a, um	böse, schlimm	13
mandāre	übergeben, anvertrauen	7
māne (Adv.)	in der Früh, morgens	4
manēre, maneō, mansī	bleiben, warten; erwarten	35
mare, maris n.	das Meer	19
māter, mātris f.	die Mutter	12
maximus, a, um	sehr groß, der Größte	32
mē miserum!	ich Armer!	28
medium, ī n.	die Mitte, der Mittelpunkt	8
medius, a, um	mittlerer, in der Mitte	29
memor, memoris (mit Gen.)	sich erinnernd, in Erinnerung (an etwas)	45
este māiōrum memorēs!	denkt an eure Vorfahren!	45
mēns, mentis f.	der Geist, der Sinn, der Verstand, die Gesinnung	57
in mentem venīre	in den Sinn kommen	57
mercātor, mercātōris m.	der Kaufmann, Händler	19
merx, mercis f. (Gen. Pl.: mercium)	die Ware	19
merx māgnī pretiī	eine Ware von großem Wert, eine kostbare Ware	46
meus, a, um	mein	16
mīles, militis m.	der Soldat	18
mīlitāris, mīlitāre	militärisch, soldatisch	43
minimē (Adv.)	keineswegs; überhaupt nicht	50
mīrārī, mīror, mīrātus sum	sich wundern, bewundern	58
mīrus, a, um	seltsam, sonderbar	13
miser, misera, miserum	elend, unglücklich	14

mittere, mittō, mīsī, missum	schicken	12, 15, P 15, 37
modo ... modo (Adv.)	bald ... bald	42
modus, ī m.	die Art, Weise	22
moenia, moenium n.	die (Stadt-)Mauern	40
monēre, moneō, monuī, monitum	ermahnen, erinnern	3, P 15, 40
mōns, montis m. (Gen. Pl.: montium)	der Berg	14
summus mōns	der Gipfel des Berges	57
monumentum, ī n.	das Denkmal	3
morārī, moror, morātus sum	(sich) aufhalten	58
morī, morior, mortuus sum	sterben	
mors, mortis f.	der Tod	15
sibī mortem dare	sich den Tod geben, Selbstmord begehen	42
mortuus, a, um	gestorben, tot	28
mōs, mōris m.	die Sitte, der Brauch, Pl.: der Charakter	25
amīcum mōrēs docēre	den Freund das richtige Verhalten lehren, den Freund im richtigen Verhalten unterweisen	38
movēre, moveō, mōvī, mōtum	bewegen, veranlassen	15, P 15, 37
mox (Adv.)	bald	4
mulier, mulieris f.	die Frau	12
multī, ae, a	viele, zahlreiche	7
multitūdō, multitudinis f.	die Menge	18
multō (mit Komparativ)	um vieles; viel	48
multum (Adv.)	sehr, viel	17
mundus, ī m.	die Welt	48
munīre, muniō, munīvī, munītum	(Mauern) bauen; befestigen; schützen	49
mūnus, mūneris n.	die Leistung; Aufgabe, das Amt; Geschenk	55
mūrus, ī m.	die Mauer	10
mūtāre	(ver-)ändern, verwandeln	26
nam	denn; nämlich	2
nārrāre	erzählen	5
nāscī, nāscor, nātus sum	geboren werden, enstehen	58

nātus, a, um	geboren, alt	54
nauta, ae m.	der Seemann, Matrose	19
nāvigāre	mit dem Schiff fahren, segeln	16
nāvis, nāvis f. (Gen. Pl.: nāvium)	das Schiff	19
nāvēs solvere	die Anker lichten	29
-ne (Fragepartikel)	(wird nicht übersetzt)	34
ne ... quidem	nicht einmal	15
ne (Subjunktion mit Konjunktiv)	dass nicht	30
necāre	töten	56
necessārius, a, um	notwendig	7
necesse est	es ist notwendig, nötig, unausweichlich	36
necessitās, necessitātis f.	die Notwendigkeit, der Zwang	49
negāre	ablehnen; leugnen; sagen, dass nicht	21
neglegere, neglegō, neglexī, neglectum	vernachlässigen, unbeachtet lassen	24, P 25, 39
negotium, ī n.	die Aufgabe, Beschäftigung	56
nēmō (Gen.: nūllīus, Dat.: nēminī)	niemand, keiner	26
nepōs, nepōtis m.	der Enkel; der Neffe	31
neque; nec	und nicht, auch nicht, aber nicht	20
nescīre, nesciō, nescīvī	nicht wissen, nicht verstehen	27
nēve (nach ut, nē)	und nicht	43
nihil	nichts	29
nimis (Adv.)	(all) zu sehr	49
nisī	wenn nicht	25
nihil nisī	nichts außer; nur	36
nōbilis, nōbile	berühmt, vornehm, adelig	31
nōbilitās, nōbilitātis f.	die Berühmtheit, der Adel, adeliger Stand	55
nōlle, nōlō, nōluī	nicht wollen	22, P 25
nōmen, nōminis n.	der Name	29
nōmināre	nennen, benennen; mit dopp. Akk.: (jemanden) bezeichnen als	27, 31
nōn	nicht	1
nōndum (Adv.)	noch nicht	54

plēbs, plēbis f.	das (einfache) Volk	14
plēnus, a, um (mit Gen.)	voll (von etwas)	19
plēnus perīculōrum	voll von Gefahren, voller Gefahren	19
plūrimī, ae, a	die meisten, sehr viele	16
plūs (Adv.)	mehr	17
plūs vīnī	mehr Wein	17
poena, ae f.	die Strafe; die Buße	39
poēta, ae m.	der Dichter	10
pollicērī, polliceor, pollicitus sum	(etw.) versprechen	59
pōnere, pōnō, posuī, positum	setzen, stellen, legen	28, 41
pōns, pontis m. (Gen. Plur.: pontium)	die Brücke	34
pontifex, pontificis m.	der Priester, der Papst	47
populus, ī m.	das Volk	18
porta, ae f.	die Tür, das Tor	2
poscere, poscō, poposcī	fordern, verlangen	34
posse, possum potuī	können, imstande sein	16, P 20
possidēre, possideō, possēdī, possessum	besitzen	45
post (Präp. mit Akk.)	hinter, nach	9
posterī, ōrum m.	die Nachkommen	45
postquam (Subjunktion mit Perf.)	nachdem	13
postrēmō (Adv.)	schließlich, zuletzt	30
pōstulāre	fordern, verlangen	44
potēns, potentis	mächtig	22
potentia, ae f.	die Macht, der Einfluss	34
potestās, potestātis f.	die Macht, Herrschaft	21
potīrī, potior, potītus sum (m. Abl.)	sich (einer Sache) bemächtigen, etw. erlangen	58
regiōne potīrī	eine Gegend erobern	58
praeceptum, ī n.	die Vorschrift, derBefehl, die Lehre	55
praecipere, praecipiō, praecēpī, praeceptum	vorschreiben, befehlen, lehren	55
praeclārus, a, um	glänzend, herrlich	7
praeda, ae f.	die Beute	18
praedicāre	ausrufen; rühmen, preisen	43
praeesse, praesum, praefuī (m. Dat.)	(einer Sache) vorstehen, (etwas) leiten	16

praeferre, praeferō, praetulī, praelātum	vorziehen, lieber mögen (als etwas)	36, 38
praemium, ī n.	die Belohnung, der Preis	43
praesidium, ī n.	der Schutz, die Schutztruppe	11
praestāre, praestō, praestitī (mit Dat.)	(jemanden) übertreffen	45
sē praestāre, praestō, praestitī	sich erweisen als	31
sē fortem praestāre	sich als tapfer erweisen	31
praeter (Präp. mit Akk.)	außer; an ... vorbei	57
praeterīre, praetereō, praeteriī, praeteritum (mit Akk.)	(an jemandem/etwas) vorübergehen; vergehen	46
leōnem praeterīre	an dem Löwen vorübergehen	46
praetor, praetōris m.	der Prätor	32
precēs, um f. (Pluralwort)	die Bitten, das Gebet	15
premere, premō, pressī, pressum	pressen,bedrängen	40
pretium, ī n.	der Preis, Wert	43
prīmō (Adv.)	zuerst	44
prīmum (Adv.)	zuerst; erstens; zum ersten Mal	17
prīmus, a, um	der erste, der vorderste	23
prīnceps, prīncipis m.	der Erste, Führende; der Kaiser	36
prīncipātus, prīncipātūs m.	die erste Stelle, der Vorrang	44
prō (Präp. mit Abl.)	für, vor, an Stelle von	14
probāre	billigen, für gut befinden; prüfen, beweisen	39
prōcēdere, prōcēdō, prōcessī, prōcessum	vorwärts gehen, fortschreiten, vorrücken	48
prōcōnsul, prōcōnsulis m.	der Prokonsul, Statthalter	34
procul (Adv.)	in der Ferne, weit; von weitem	26
procul ā patriā	fern der Heimat	26
prōdere, prōdō, prōdidī, prōditum	überliefern; verraten	43
proelium, ī n.	die Schlacht, das Gefecht	23
proficīscī, proficīscor, profectus sum	aufbrechen, reisen, marschieren	58
prohibēre, prohibeō, prohibuī, prohibitum	(etwas von jemandem) abhalten, (jemanden an etwas) hindern	9, P 15, 40
proinde (Adv.)	deshalb; ebenso	54
prōmittere, prōmittō, prōmīsī, prōmissum	versprechen	55
properāre	eilen, sich beeilen	3

propius (Adv.)	näher	57
propter (Präp. mit Akk.)	wegen	50
prōvidēre, prōvideō, prōvīdī, prōvīsum	vorhersehen; Vorsorge treffen	41
prōvincia, ae f.	die Provinz	18
proximus, a, um	der nächste, folgende	47
proximō annō	im folgenden Jahr	59
prūdēns, prudentis	klug, verständig	38
pūblicum, ī n.	die Öffentlichkeit, der staatliche Bereich	31
pūblicus, a, um	öffentlich, staatlich	31
puella, ae f.	das Mädchen	9
puer, puerī, m.	der Junge, das Kind	9
ā puerō	von Kindheit an	51
pūgna, ae f.	der Kampf	16
pūgnīs interesse	an Kämpfen teilnehmen	16
pūgnāre	kämpfen, streiten	10
pulcher, pulchra, pulchrum	schön	9
putāre	meinen, glauben; mit dopp. Akk.: (jemanden) halten für	16, 31
quaerere, quaerō, quaesīvī, quaesītum	suchen, erwerben wollen; fragen	30, 39
quālis, quāle	wie (beschaffen)	52
quam	als	25
quam (mit Superlativ)	möglichst	50
quamquam (Subjunktion)	obwohl, obgleich	21
quandō?	wann?	18
quantus, a, um	wie groß, wie viel	28
quasi (Adv.)	gleichsam, (gleich)wie	39
-que (angehängt)	und	4
qui, quae, quod (adjektivisches Fragepronomen)	welcher, welche, welches	34
quī, quae, quod (Relativpronomen)	der, die, das; welcher, welche, welches	23
quia (Subjunktion)	weil	13
quīcumque, quaecumque, quodcumque	wer auch immer; jeder, der	58
quid?	was?	2

quīdam, quaedam, quoddam (adjektivisch)	ein gewisser	46
quīdam (substantivisch, Pl.)	einige, manche	46
quidem (Adv.)	gewiss, sicherlich	16
quidem ..., sed	zwar ..., aber	16
quiēscere, quiēscō, quiēvī, quiētum	(aus)ruhen, schlafen	57
quīn (mit Konj.)	dass nicht; dass	50
quintus, a, um	fünfter, der Fünfte	32
quis?	wer?	23
quo?	wohin?	8
quō ... eō (mit Komparativ)	je ... desto	48
quō minus ... eō melius	je weniger ... desto besser	48
quod (Subjunktion)	weil, da	20
quōmodo	wie, auf welche Weise	16
quoque (nachgestellt)	auch	6
quot?	wie viele?	19
rapere, rapiō, rapuī, raptum	an sich reißen, rauben	45
raptāre	rauben, wegnehmen	12
recipere, recipiō, recēpī, receptum; sē recipere	zurücknehmen, aufnehmen; sich zurückziehen	40
recitāre	vorlesen, vortragen	4
recūsāre	zurückweisen	22
reddere, reddō, reddidī, redditum	zurückgeben; mit dopp. Akk.: (jemanden) machen zu	28, 39
redīre, redeō, rediī	zurückgehen, zurückkehren	20, P 20
referre, referō, rettulī, relātum	zurückbringen, berichten	26, 38
regere, regō, rēxī, rēctum	lenken, leiten	11, P 15, 42
regiō, regiōnis f.	das Gebiet, die Gegend	34
rēgius, a, um	königlich	50
rēgnāre	König sein, herrschen	52
rēgnum, ī n.	die Herrschaft, das Königreich	11
relinquere, relinquō, relīquī, relīctum	verlassen, zurücklassen	14, P 15, 37

reperīre, reperiō, repperī, repertum	finden	5, P 20, 38
repetere, repetō, repetīvī, repetītum	wiederholen; zurückfordern	39
reprehendere, reprehendō, reprehendī, reprehēnsum	zurückhalten; kritisieren, tadeln	45
rēs adversae f. (Plur.)	das Unglück	30
rēs pūblica, reī pūblicae f.	das Gemeinwesen, der Staat	31
rēs secundae f. (Plur.)	das Glück	30
rēs, reī f.	die Sache, das Ding	29
resistere, resistō, restitī	Widerstand leisten; stehen bleiben	58
respondēre, respondeō, respondī, respōnsum	antworten, erwidern	4, 17, P 20, 41
respōnsum, ī n.	die Antwort	43
restituere, restitiuō, restituī, restitūtum	wiederherstellen, zurückgeben	36, 42
retinēre, retineō, retinuī, retentum	zurückhalten, festhalten	43
revertī, revertor, revertī, reversus	zurückkehren, umkehren	59
rēx, rēgis m.	der König	12
ridēre, rideō, rīsī, rīsum	(über etwas) lachen	2, P 15, 41
rīpa, rīpae f.	das Ufer	34
rogāre	fragen, bitten	3
Rōma, ae f.	Rom	8
Rōmānus, a, um	römisch	7
Rōmānus, ī m.	der Römer	6
rūmor, rūmōris m.	das Gerücht, Gerede	39
rursus (Adv.)	wieder(um)	22
rūs, rūris n.	das Land, Landgut	20
rūsticus, a, um	ländlich, bäuerlich; Subst.: der Bauer	20
vīlla rūstica	das Landgut	20
sacer, sacra, sacrum	heilig, (einem Gott) geweiht	9
sacerdōs, sacerdōtis m./f.	der Priester, die Priesterin	13
sacrificāre	opfern, ein Opfer bringen	9
sacrum, ī n.	das Opfer; das Heiligtum	39
sacra facere	Opfer darbringen, opfern	39
saeculum, ī n.	das Zeitalter, Jahrhundert	10

saepe (Adv.)	oft	5
saevus, a, um	schrecklich, wild	49
salūs, salūtis f.	die Rettung, das Wohlergehen	21
dē salūte desperāre	die Hoffnung auf Rettung aufgeben	21
salūtem fugā petere	sein Heil in der Flucht suchen	30
salūtāre	grüßen, begrüßen	1
salvē!	Sei gegrüßt! Guten Tag!	1
salvēte!	Seid gegrüßt! Guten Tag!	4
salvus, a, um	gesund, wohlbehalten, unverletzt	42
sanctus, a, um	geweiht, heilig; ehrwürdig	46
sanguis, sanguinis m.	das Blut, der Mord	60
sapiēns, sapientis	weise, vernünftig	47
sapientis est	es ist Kennzeichen, Eigenschaft eines Weisen	51
sapientia, ae f.	die Weisheit	6
saxum, ī n.	der Felsen, große Stein	56
scelerātus, a, um	verbrecherisch; Subst.: der Verbrecher	47
scelus, sceleris n.	das Verbrechen, der Frevel	36
scīre, sciō, scīvī (sciī)	(etwas) wissen, (jemanden) kennen	6, P 15
scrībere, scrībō, scrīpsī, scrīptum	schreiben	37
scūtum, ī n.	der Schild	40
secundus, a, um	zweiter; günstig	25
sēcūrus, a, um	sorglos, unbesorgt	42
sed	aber; sondern	5
sedēre, sedeō, sēdī	sitzen	21, P 25
sēdēs, sēdis f.	der Platz, Sitz; der Wohnsitz	44
semper (Adv.)	immer	2
senātor, senātōris m.	der Senator	21
senātus, senātūs m.	der Senat, die Ratsversammlung	32
senex, senis m.	der alte Mann, Greis	27
sententia, ae f.	die Meinung, Ansicht; der Satz	25
sentīre, sentiō, sēnsī, sēnsum	fühlen, meinen	26, 40
septimus, a, um	siebter, der Siebte	32
sequī, sequor, secūtus sum (mit Akk.)	(jmd.) folgen	59

sermō, sermōnis m.	die Unterhaltung, das Gespräch	41
sermōnem cum amīcō habēre	sich mit dem Freund unterhalten	41
sermōnem trahere	ein Gespräch in die Länge ziehen	41
sērō (Adv.)	spät	17
serva, ae f.	die Dienerin, Sklavin	1
servāre	schützen, retten, bewahren	6
servīre, serviō, servīvī, servītum	dienen	48
servitūs, servitūtis f.	die Knechtschaft, Sklaverei	15
servus, ī m.	der Diener, Sklave	1
sī	wenn, falls	25
sīc (Adv.)	so, auf diese Weise	29
sīdus, sīderis n.	der Stern, das Sternbild	53
sīgnum, ī n.	das Zeichen	11
silva, ae f.	der Wald	38
simulacrum, ī n.	das Götterbild	6
sine (Präp. mit Abl.)	ohne	18
sinere, sinō, sīvī	lassen, zulassen	21, P 25
singulī, ae, a	je ein; einzelne	49
sinister, sinistra, sinistrum	links, ungünstig, unheilvoll	9
situs, a, um	gelegen, liegend	44
socius, ī m.	der Bundesgenosse, Verbündete	24
sōl, sōlis m.	die Sonne	20
sōlācium, ī n.	der Trost	37
solēre, soleō, solitus sum	gewohnt sein, (etw.) gewöhnlicherweise tun	59
sollicitāre	beunruhigen	5
sōlus, a, um (Gen.: sōlīus, Dat.: sōlī)	einzig, allein	47
solvere, solvō, solvī, solūtum	lösen	29, 42
somnus, ī m.	der Schlaf	46
somnō sē dare	sich schlafen legen	46
somnō excitārī	aus dem Schlaf gerissen werden	46
somnium, ī n.	der Traum	35
sors, sortis f.	das Los; der Orakelspruch; das Schicksal	49
spatium, ī n.	die Strecke; der (Zeit)Raum	50

spectāculum, ī n.	das Schauspiel	6
spectāre	anschauen, betrachten	3
spērāre	hoffen	55
spēs, speī f.	die Hoffnung	29
spēs victōriae	die Hoffnung auf den Sieg	29
sponte meā, tuā, suā	freiwillig, von mir (dir, sich) aus	56
statim (Adv.)	auf der Stelle, sofort	3
statua, ae f.	das Standbild, die Statue	3
studēre, studeō, studuī (mit Dat.)	sich (um etwas) bemühen, (nach etwas) streben; (etwas) studieren	25, P 25
novīs rēbus studēre	einen Umsturz vorbereiten; sich um eine Änderung der bestehenden Verhältnisse bemühen	44
studium, ī n.	der Eifer, die Beschäftigung; das Studium	54
studia exercēre	seinen Studien nachgehen	54
stultus, a, um	dumm	56
stupēre, stupeō, stupuī	verblüfft sein, staunen	2, 13, P 15
suādēre, suādeō, suāsī, suāsum	etwas raten, empfehlen	54
subicere, subiciō, subiēcī, subiectum	unterwerfen	34, 42
subīre, subeō, subiī	herangehen, auf sich nehmen	20, P 20
labōrēs subīre	Arbeiten, Strapazen auf sich nehmen	20
subitō (Adv.)	plötzlich	2
sūmere, sūmō, sūmpsī, sūmptum	nehmen	53
summus, a, um	der höchste, der oberste	9
sūmptus, sūmptūs m.	der Aufwand, die Kosten	54
superāre	übertreffen, überwinden, besiegen	10
Diogenem virtūte superāre	Diogenes an Tugend übertreffen	52
superbia, ae f.	der Hochmut, Stolz	13
superesse, supersum, superfuī	übrig sein, überleben	16
supplicium, ī n.	die Todesstrafe; die Hinrichtung	39
supplicium sumere dē Sōcrate	Sokrates hinrichten (lassen)	53
suprā (Präp. m. Akk.)	oberhalb, über, über ... hinaus	35
surgere, surgō, surrēxī	sich erheben, aufstehen	18, P 20

suscipere, suscipiō, suscēpī, susceptum	(etwas) auf sich nehmen; (jemanden) aufnehmen; (etwas) unternehmen	47
sustinēre, sustineō, sustinuī	aushalten ertragen	23, P 25
suus, a, um	sein, ihr	17
taberna, ae f.	der Laden, das Wirtshaus	3
tabula, ae f.	die Tafel, Schreibtafel	5
tacēre, taceō, tacuī	schweigen, still sein	2, P 15
tālis, tāle	so (beschaffen), derartig	52
tam (Adv.)	so	5
tamen (Adv.)	trotzdem, dennoch	21
tamquam	wie wenn; als ob	58
tandem	endlich; schließlich	1
tangere, tangō, tetigī, tactum	berühren	26, 38
tantum (Adv.)	nur	49
tantus, a, um	so groß	12
tantum labōris	so viel Arbeit	57
taurus, ī m.	der Stier	18
tegere, tegō, texī, tectum	(be)decken, schützen	58
tēlum, ī n.	das Geschoss, der Speer, die Waffe	33
tempestās, tempestātis f.	das Wetter; das Unwetter, der Sturm	19
templum, ī n.	der Tempel	3
temptāre	versuchen, prüfen; angreifen	35
tempus, temporis n.	die Zeit	14
tendere, tendō, tetendī, tentum	ausstrecken	21, P 25, 43
tenēre, teneō, tenuī	halten, festhalten	15, P 15
tergum, ī n.	der Rücken	33
ā tergō	von hinten	33
terra, ae f.	die Erde, das Land	13
terrēre, terreō, terruī, territum	erschrecken, in Schrecken versetzen	23, P 25, 37
testis, testis m.	der Zeuge	51
theātrum, ī n.	das Theater	3
thermae, ārum f.	die Badeanlage (die Thermen)	7

timēre, timeō, timuī	sich fürchten	19, P 20
timēre, nē (mit Konjunktiv)	fürchten, dass	30
timor, timōris m.	die Angst, Furcht	12
toga, ae f.	das Obergewand (die Toga)	7
tolerāre	ertragen, aushalten	42
tollere, tollō, sustulī, sublātum	aufheben, erheben, beseitigen	36, 41
tōtus, a, um (Gen.: tōtīus, Dat.: tōtī)	ganz	23
tot ... quot	so viele ... wie viele	56
trādere, trādō, trādidī, trāditum	überliefern; übergeben	39
trādūcere, trādūcō, trādūxī, trādūctum	hinüberführen	48
trahere, trahō, trāxī, tractum	ziehen, schleppen	21, P 25, 41
transferre, transferō, transtulī, translātum	hinüberbringen	26, 38
transīre, transeō, transiī	hinübergehen, überschreiten	23
trēs, tria	drei	34
tribūnus, ī m.	der Tribun; der Offizier	49
trīstis, trīste	traurig, finster, unfreundlich	28
triumphus, ī m.	der Triumph(zug)	18
tum (Adv.)	da, dann, damals	2
tunica, ae f.	das Untergewand (die Tunika)	7
turba, ae f.	die Menge, Schar	6
turpis, turpe	hässlich, schändlich	42
tūtus, a, um	sicher, geschützt	24
tūtus ab hostibus	sicher vor den Feinden	24
tuus, a, um	dein	16
ubi?	wo?	1
ubi prīmum (mit Ind. Perfekt)	sobald	56
ultimus, a, um	der, die, das letzte	13
umerus, ī m.	die Schulter	30
umquam	jemals	56
undique (Adv.)	von allen Seiten, überall	41
ūnus, a, um (Gen.: ūnīus; Dat.: ūnī)	ein einziger, einer	20, 36
urbs, urbis f. (Gen. Pl.: urbium)	die Stadt	14

urgēre, urgeō, ursī	bedrängen	41
usque ad (Präp. mit Akk.)	bis zu	34
ūsus, ūsūs m.	der Gebrauch, die Verwendung; der Nutzen	32
ūsuī esse	von Nutzen sein, nützlich sein	32
ut (mit Indikativ)	wie	6
ut (mit Konjunktiv)	dass; damit; so dass	30, 40
ūtī, ūtor, ūsus sum (mit Abl.)	(etw.) benutzen, gebrauchen	59
utinam (m. Konj.)	hoffentlich; wenn doch	52
utinam nē (m. Konj.)	hoffentlich nicht; wenn doch nicht	52
utrum ... an (-ne ... an; ... an)	ob ... oder	35
uxor, uxōris f.	die Ehefrau	12
uxōrem dūcere, dūcō, dūxī	heiraten	27
valdē (Adv.)	sehr	4
valēre, valeō, valuī	stark sein, mächtig sein, gelten	38
plūs valēre	stärker sein, mächtiger sein (als jemand)	38
vallis, vallis f.	das Tal	57
varius, a, um	bunt; verschieden; vielfältig	7
vehemēns, vehementis	heftig, energisch, gewaltig	32
vel	oder	5
vel ... vel	entweder ... oder	53
velle, volō, voluī	wollen	22, P 25
velut	wie; wie zum Beispiel	10
vendere, vendō, vendidī, venditum	verkaufen	15, P 20, 39
venerārī, veneror, venerātus sum	verehren, anbeten	60
venīre, veniō, vēnī, ventum	kommen	1, P 15, 39
ventus, ī m.	der Wind	53
verbum, ī n.	das Wort	8
verērī, vereor, veritus sum	sich fürchten, scheuen; verehren	58
versārī, versor, versātus sum	sich aufhalten, sich befinden	58
versus, versūs m.	der Vers, die Zeile	38
vertere, vertō, vertī, versum	wenden, drehen	28, 38

vērō (Adv.)	wirklich; aber	59
vērus, a, um	wahr; wahrhaftig	17
rē vērā	in Wahrheit	51
vester, vestra, vestrum	euer	12
vestis, vestis f.	die Kleidung, das Kleidungsstück, Kleid	33
vetus, veteris	alt	45
vexāre	quälen	5
via, ae f.	der Weg, die Straße	8
victōria, ae f.	der Sieg	18
vidēre, videō, vīdī, vīsum	sehen	3, P 15, 41
vīlla, ae f.	das Landhaus, die Villa	20
vincere, vincō, vīcī, victum	siegen, besiegen	18, P 20, 40
vinculum, ī n.	das Band die Fessel; Plur.: das Gefängnis	47
in vincula conicere	(jemanden) ins Gefängnis werfen, in Ketten legen	47
vīnum, ī n.	der Wein	3
violāre	verletzen, schänden, entweihen	60
vir, virī, m.	der Mann	9
virgō, virginis f.	das junge Mädchen	26
virtūs, virtūtis f.	die Tüchtigkeit, Tapferkeit, Tugend	14
vīs, vim, vī f.; Plur.: vīrēs, vīrium	die Kraft, Stärke, Gewalt; Plur. die Kräfte, Streitkräfte	27
vīsere, vīsō, vīsī	(genau) ansehen, besichtigen; besuchen	52
vīsitāre	besuchen	6
vīta, ae f.	das Leben	16
vītam agere	das Leben verbringen; leben	16
vitium, ī n.	der Fehler; die schlechte Eigenschaft	51
vīvere, vīvo, vīxī	leben	12, P 15
vocāre	rufen, nennen; mit dopp. Akk.: (jemanden) bezeichnen als	2, 31
volāre	fliegen, eilen	35
volvere, volvō, volvī, volūtum	wälzen, rollen; überlegen	56
vōx, vōcis f.	die Stimme, die Äußerung, der Laut	28

māgnā vōce	mit lauter Stimme	28
vulnus, vulneris n.	die Verletzung, die Wunde	43
vultus, vultūs m.	die Miene, das Gesicht, das Aussehen	55

Bildquellenverzeichnis

picture alliance / Bildagentur Huber: S. 6 l.; Foto: Peter Willi - ARTOTHEK: S. 7 l.; akg-images: S. 7 r., S. 8, S. 26 o., S. 52 l., S. 62, S. 76 o., S. 80; bpk / Gerard Le Gall: S: 12; Forschungs- und Landesbibliothek, Gotha: S. 14; bpk / RMN - Grand Palais: S. 15; ullstein bild - Bunk: S. 16; picture alliance / Bildarchiv Monheim: S. 17 r.; © Bayer & Mitko - Artothek: S. 17 l.; © Hans Hinz - ARTOTHEK: S. 19; Bild: Isabelle Rieder • © VISIT BASEL AG: S. 21 u.; © 2013. Photo Scala, Florence - courtesy of the Ministero Beni e Att. Culturali: S. 22; The J. Paul Getty Museum, Villa Collection, Malibu, California. Digital image courtesy of the Getty's Open Content Program.: S. 25; Münzkabinett, Staatliche Museen zu Berlin: S. 26 M.; Stanza della Segnatura, Rom: S. 30, S. 38; Album / Prisma / AKG: S. 31 l./M., S. 44; Album / Oronoz / AKG: S. 31 r., S. 42; www.livius.org, Photo: Jona Lendering: S. 32; Album/Oronoz/AKG: S. 36, S. 54, S. 66 o.; IAM / akg: S. 46; picture-alliance/Herve Champollion/akg-images: S. 49; bpk / Scala: S. 52 r.; Paris, Bibliothèque Ste-Genviève: S. 53 l.; Heidelberg, Universitätsbibliothek: S. 53 r.; Foto di Giovanni Dall'Orto: S. 56; Württembergische Landesbibliothek, HB XIV 7, fol. 4r.: S. 58; Faksimile Das Evangelistar Kaiser Heinrichs III.; Perikopenbuch aus Echternach. Ms. b. 21 der Universitätsbibliothek Bremen, 1981, Copyright Dr. Ludwig Reichert Verlag Wiesbaden: S. 59, S. 66 u.; München, Bayerische Staatsbibliothek, Clm 210, Bl. 92r: S. 61; Doris Antony, Berlin: S. 67; © Unversitätsbibliothek Heidelberg Comenius, Johann Amos: Joh. Amos Comenii Orbis Sensualium Pictus, 1698 (N 699 (RES)); Seite 254: S. 68; picture alliance / dpa: S. 70 o., S. 74; bpk / Staatsbibliothek zu Berlin / Ruth Schacht: S. 70 M.; Staatsbibliothek zu Berlin - Preußischer Kulturbesitz, Orientabteilung, Foto: Schacht: S. 70 u.; bpk / Hermann Buresch: S. 71; Petrarch (Francesco Petrarca) (1304-74) from the Villa Carducci series of famous men and women, c.1450 (fresco), Castagno, Andrea del (1423-57) / Galleria degli Uffizi, Florence, Italy / Giraudon / The Bridgeman Art Library: S. 72; F. Wagner/Flonline Bildagentur RM: S. 76 u.; Franz-Josef Domke, Hannover/Verlagsarchiv Schöningh: S. 78; ullstein bild - Heritage Images / The British Library: S. 84; picture alliance/United Archives/DEA Picture Library: S. 85; © Musée de l'Homme, Paris/Foto: M. Delaplanche: S. 86; weitere: Verlagsarchiv Schöningh

Sollte trotz aller Bemühungen um korrekte Urheberrechtsangaben ein Irrtum unterlaufen sein, bitten wir darum, sich mit dem Verlag in Verbindung zu setzen, damit wir eventuell notwendige Korrekturen vornehmen können.

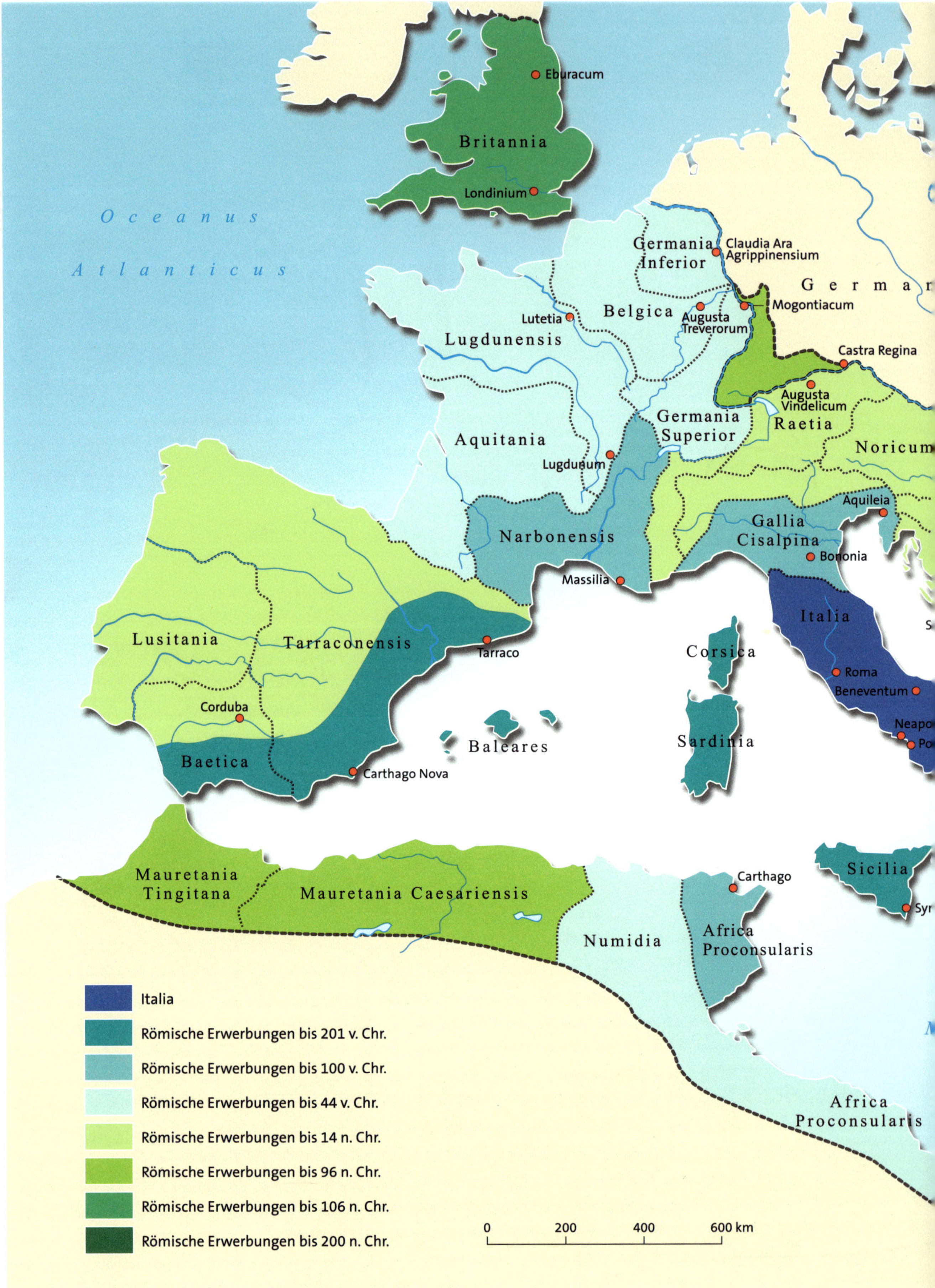
Eburacum
Britannia
Londinium
Oceanus
Atlanticus
Germania Inferior
Claudia Ara Agrippinensium
Belgica
Augusta Treverorum
Mogontiacum
Lutetia
Lugdunensis
Castra Regina
Augusta Vindelicum
Raetia
Germania Superior
Noricum
Aquitania
Lugdunum
Aquileia
Gallia Cisalpina
Narbonensis
Bononia
Massilia
Italia
Lusitania
Tarraconensis
Tarraco
Corsica
Roma
Beneventum
Corduba
Sardinia
Baleares
Baetica
Carthago Nova
Mauretania Tingitana
Mauretania Caesariensis
Carthago
Sicilia
Numidia
Africa Proconsularis
Africa Proconsularis
Italia
Römische Erwerbungen bis 201 v. Chr.
Römische Erwerbungen bis 100 v. Chr.
Römische Erwerbungen bis 44 v. Chr.
Römische Erwerbungen bis 14 n. Chr.
Römische Erwerbungen bis 96 n. Chr.
Römische Erwerbungen bis 106 n. Chr.
Römische Erwerbungen bis 200 n. Chr.
0
200
400
600 km